Lo insensato
de Dios

Nola Warren

C A S A
CREACIÓN

A Frank,
mi caballero
en resplandeciente y blanca armadura.

Índice

Prólogo

Recuerdo los años que vivimos con mi madre mientras aún era viuda. Fueron «interesantes», por no usar otra palabra.

Y digo interesantes porque mis dos hermanos y yo nos acordamos muy bien de los pretendientes que venían a verla, que le traían flores, regalos y que le presentaban sus serenatas. Lo que más nos gustaban eran los regalos que varias de estas personas nos traían a nosotros, los hijos; supongo que el objetivo era quedar bien con Mamá. Creo que con la excepción de mi hermano mayor, Jerry, no sabíamos la tragedia que había vivido ella, como así tampoco los retos que enfrentaba como viuda, como madre y como ministro, porque un niño no tiene la capacidad de comprender todos esos aspectos. Lo que sí recuerdo es que nuestra casa estaba llena de mucha actividad, visitas, viajes y gente que constantemente iba y venía. También recuerdo que ella trabajaba mucho, leía mucho, oraba mucho. En ocasiones la sorprendimos llorando, a solas en su habitación, generalmente sobre sus rodillas.

«Francisco Warren» (Frank) sería el hombre que transformaría nuestras vidas para siempre. Al principio lo llamábamos «Mister Frank», y le preguntamos —como a varios de los pretendientes— si sería nuestro papá.

Como todos los demás, también nos trajo regalos; pero a diferencia de los otros, el regalo más grande que nos entregó fue el ser para nosotros un padre. Él nos entregó su genuino amor paterno, y sobre todo, un ejemplo extraordinario de lo que es ser un verdadero hombre de Dios. Estas dos personas son los héroes más sobresalientes de mi vida.

No me cabe la menor duda de que la historia de Nola Warren, mi madre, será un desafío para tu vida, así como lo ha sido para la mía. Es una historia de valor, de fe, de perseverancia, coraje y valentía. Una vida de dependencia absoluta y confianza en Aquél que dijo «Nunca te dejaré, ni te desampararé». Es una historia que he visto desarrollarse delante de mis ojos durante toda mi vida. Si al leerla piensas que estás leyendo acerca de personas extraordinarias, doy fe que en verdad lo son. Es la historia de una mujer que ante circunstancias positivamente imposibles, creyó en el Dios de lo imposible. Ante una noche tan oscura, esperó el amanecer de un nuevo día. De las mujeres que conozco, Nola Warren es una de las más extraordinarias, no solo por ser mi madre, sino por lo que he visto y vivido a su lado, como un gran ejemplo de un Dios real y poderoso, delante de mis mismos ojos.

«Se levantan sus hijos y la llaman bienaventurada; y su marido también la alaba: Muchas mujeres hicieron el bien; mas tu sobrepasas a todas.» —PROVERBIOS 31. 28,29

MARCOS WITT
JUNIO 1997, DURANGO, MÉXICO

Prefacio

¿Por qué Dios habrá elegido a una joven viuda, sufriente, con tres hijos pequeños, para volver a las montañas de México a continuar con la obra que ella y su marido habían comenzado? Una mujer que no hablaba el idioma y sin experiencia en el trabajo con pastores nacionales. ¡Una madre con tres hijos pequeños a su cuidado! ¿Por qué Dios le pediría regresar?

Mientras planificaba el viaje de regreso a México después de la muerte de mi marido, en la primavera de 1964, no encontraba la respuesta. En toda mi vida, jamás me había sentido tan incapaz de enfrentar una situación. Era imposible.

Entonces redescubrí 1 Corintios 1.25-27: «Porque lo insensato de Dios es más sabio que los hombres, y lo débil de Dios es más fuerte que los hombres. Pues mirad, hermanos, vuestra vocación, que no sois muchos sabios según la carne, ni muchos poderosos, ni muchos nobles; sino que lo necio del mundo escogió Dios, para avergonzar a los sabios...»

No me consideraba sabia, ni noble, ni poderosa. Verdaderamente, me sentía necia y débil. No obstante, Dios me había escogido. Y *lo insensato de Dios* es más sabio que los hombres.

Reconocimientos

Mi sincero agradecimiento y mi aprecio a todos aquellos que estuvieron firmes a mi lado durante los cuatro años de mi viudez. Mis padres, Eugene y Lorene Holder, mi hermana y su esposo, David y Rena Pitman, mi hermano W.W. Holder, las dos jóvenes que dejaron a un lado sus planes personales por un tiempo y se compenetraron con mi vida, haciéndola propia, Ruth McEwen y Ruthie Fried, y todo el plantel de profesores y cuerpo de estudiantes del International Bible College. Una palabra de especial agradecimiento a la comunidad misionera en Durango, la cual fue de tanta fortaleza para mí durante esos años: Richard y Juliet Milk (misioneros metodistas), Gilberto y Carolina Ross (misioneros bautistas), Dan y Eleonor Petker, Richard y Delores Wiens, Eugene y Lillian Janzen, Willie y Betty Heinrich, todos misioneros de la Iglesia Menonita Reformada de Estados Unidos. Toda esta gente ayudó a que esos años fueran posibles.

No hay palabras para expresar mi agradecimiento y aprecio a mi amiga Lorraine Peterson, quien fue la primera en alentarme para que escriba este libro, y quien luego me dirigió a lo largo de todo el proceso. Gracias, Lorraine. Aprecio tu amistad.

Introducción

Aquella víspera de Año Nuevo era un frío día de invierno en el norte de Misisipí. El viento soplaba con fuerza y la temperatura había descendido por debajo del punto de congelación desde la noche anterior, cuando una joven esposa había comenzado con el trabajo de parto. La madre primeriza tenía tan solo diecisiete años; ese era su primer hijo y todo el tema se había convertido en un gran problema, más de lo que jamás hubiera imaginado. Alejada de su familia por las objeciones de ellos sobre su novio, se había fugado hacía casi dos años y no había tenido ningún contacto con sus padres hasta la noche anterior. El joven marido les había avisado a sus suegros, por lo que ellos fueron a acompañar a su hija durante esa larga jornada.

El médico del pueblo también había sido llamado. De tanto en tanto, él se levantaba de su asiento al lado del fuego para controlar a la joven parturienta. Las contracciones habían comenzado hacía ya unas trece horas, pero el bebé aún no nacía. Un par de horas antes se habían intensificado, por lo que el doctor, junto con la madre de la joven, la habían llevado hasta la cocina, donde había una mesa que serviría para recostarla y prepararla a fin de dar a luz. El doctor había dicho que la vieja cama en el dormitorio estaba muy hundida, y era necesaria una superficie alta y firme, por lo que la mesa de la cocina era la mejor opción.

Había pasado un rato sin que aquellos que permanecían en la sala escucharan algo, siquiera, proveniente de la cocina.

Tampoco hablaban entre sí. El padre de la joven estaba sufriendo interiormente; su preciosa y obediente hija se había dejado arrastrar hasta llegar a aquellas circunstancias. Ella siempre había estado muy cerca de él. Ahora, aquel padre sufría recordando su niñez y su vida en el hogar hasta la llegada de este joven «advenedizo» que le robara su afecto. Esta, su hija, quien ahora estaba sufriendo, había sido la más obediente de todos sus hijos, pero al cumplir los dieciséis se le había metido en la cabeza que deseaba casarse con este joven. ¡Y así lo había hecho! A pesar de sus esfuerzos por detenerlos, se había escapado con él. Como padre había salido en su búsqueda, siguiéndolos durante varias horas para detenerlos antes de que fuera demasiado tarde. Los siguió por rutas, atravesó campos anegados y llegó hasta el próximo condado. Los siguió todo el día hasta que, finalmente, regresó a su casa derrotado; ellos se habían casado esa misma tarde.

Habían sido dos años difíciles. Difíciles para la familia que había perdido a su querida hija por un hombre a quien ellos no consideraban digno de ella, y difícil para la joven pareja, que debió comenzar su nueva vida en los últimos años de la Gran Depresión, en la región norteña del Misisipí. Había épocas en las que sólo comían pan de maíz y melaza durante semanas. Pero lo habían logrado, y ahora su primer hijo estaba por nacer.

Aunque la joven madre estaba en el cuarto de al lado, podía escuchar a su papá yendo de un lado a otro de la sala y orando todo el tiempo. Esto le hizo recordar aquellos otros momentos en que él había orado cuando estaba enferma, de niña. Especialmente se acordó cuando había tenido neumonía, y casi se había muerto debido a que en aquella ocasión no había penicilina disponible. Había estado inconsciente varias horas durante aquel sufrimiento, pero en algunos momentos de lucidez, por pocos segundos, podía darse cuenta de lo que estaba sucediendo. Durante esas cuarenta y ocho horas de inconsciencia y delirio, cualquiera fuera el momento en que tuviera algunos segundos de consciencia, recordaba a su padre al lado de su cama, tomándola de la mano y orando sin cesar. Ahora que estaba por dar a luz, su padre tenía la misma actitud.

De repente, se escucharon movimientos rápidos en la cocina. Voces, gente que se movía, sillas que se corrían, mientras la futura abuela le daba instrucciones no solicitadas al médico, para estar segura de que este hiciera bien su trabajo. Luego escucharon el sonido que habían estado esperando: el llanto de un recién nac[

Era una nena. La bebé no lloró mucho; estaba muy ocup[
mirando a su alrededor, tratando de definir a qué clase de mundo había llegado. El clima helado continuaba y el viento seguía
soplando con tanta fuerza que, a veces, levantaba la pesada alfombra de la puerta de entrada; pero todo aquello fue olvidado.
La odisea y la espera de las últimas trece horas fueron olvidadas.
La enemistad de los abuelos hacia el joven que se había llevado a
su hermosa hija, fue olvidada. El sufrimiento de la joven madre
debido al rechazo de sus padres, fue olvidado. El dolor del muchacho por el rechazo de sus suegros fue olvidado. Todas esas
cosas pasaron al olvido cuando se reunieron alrededor de la madre y su bebé. Hubo lágrimas, sonrisas y mucha alegría por el nacimiento de esta niña, cuyo advenimiento sanaba las heridas de
ambas familias. Fueron heridas que nunca se volvieron a abrir.

Como llevaban ya dos años de casados antes que naciera la
niña, cada uno de los familiares presentes asumió que la joven
pareja no tendría más hijos, por lo que cada uno deseaba participar en la elección del nombre. La abuela paterna le puso Wanda,
la abuela materna le puso su propio nombre: Nola, mientras que
su papá hizo una abreviación de su nombre: Jean. Finalmente, la
llamaron Wanda Nola Jean. ¡Y fue la primera de nueve hermanos!

Un par de años después, en Amarillo, Texas, otra joven pareja se enteraba de que su primer hijo venía en camino. Acababan
de dar la noticia del bombardeo japonés a Pearl Harbour, y ese
mismo día se enteraron del embarazo. También esta futura madre era adolescente, pero, aparte de eso, no había ninguna simili-
tud entre las dos parejas. Cuando este bebé nació, en un hospital
del norte de Texas, el 5 de agosto de 1942, los Estados Unidos estaban entrando en la Segunda Guerra Mundial y su padre se ha-
llaba alistado en el ejército. Cuando los jóvenes padres supieron
que había sido un varón, le dijeron al médico que querían llamarlo Jerry, pero que no encontraban un segundo nombre. ¿Qué
sugirió el médico?

—¿Por qué no llamarlo Douglas, en honor al general Douglas
MacArthur? —les preguntó el doctor.

Así fue como Jerry Douglas Witt recibió su nombre. Solamente Dios sabía que el futuro de estas dos familias estaría ligado
para siempre a través de las vidas de esos dos bebés.

1

En el principio

«Nola Jean»

¡Ser la mayor en una familia de nueve hijos no es fácil! Teníamos una gran familia extendida; abuelos, tíos y tías participaban en nuestra vida y aprendimos temprano acerca de Dios y la importancia de la iglesia. No contábamos con mucho dinero, pero generalmente teníamos lo que necesitábamos y todos sabíamos cómo trabajar duro.

Las cuatro mayores éramos mujeres. Nuestros padres nos enseñaron a evitar las diversiones mundanas, a vestirnos como cristianas y a salir solamente con muchachos creyentes.

La gente solía preguntarnos: «¿Hay peleas entre ustedes, niños?» ¡Nunca físicamente! Nuestro padre nos había advertido muy bien que cualquiera que se metiera en una pelea física debería rendirle cuentas; ¡y tener que rendirle cuentas a Papá era algo que evitábamos a cualquier precio! Por lo tanto: «No; no nos peleamos entre nosotros.»

De todas maneras, todos nacimos con el don de la conversación y aprendimos desde muy chicos cómo defendernos con la lengua, lo que daba cabida a algunas discusiones muy interesantes. Uno de los mayores conflictos que se desataba entre las cuatro mayores —¡todas mujeres!— era sobre las vestimentas. Nunca me gustó tomar prestado de nadie o prestar mi ropa a alguien, ni siquiera con mis hermanas. Pero, a veces, ellas tomaban «prestadas» algunas cosas sin permiso, y yo no me enteraba hasta que encontraba el vestido sucio dentro del armario. En una ocasión descubrí que una de ellas había usado una blusa mía, y luego la había guardado sucia. Sabía quién lo había hecho y la llamé a mi dormitorio; le mostré la blusa y comencé a reprenderla por haber hecho algo semejante. Mientras yo hablaba, ella frotaba ante mi cara su dedo índice con su pulgar, mientras musitaba una melodía aguda y sostenida. Finalmente, le pregunté:

—¿Qué se supone que estás haciendo?

Sonriendo picaronamente, me contestó:

—Es el violín más chico del mundo, tocando *Mi corazón derrama mantequilla de maní* por ti...*

Las dos nos empezamos a reír y eso acabó con mi discurso acerca de no tomar prestada mi ropa sin permiso.

Algunas personas podrán pensar que mis padres eran muy estrictos, sin embargo no recuerdo haberme sentido acorralada o sufrir privaciones en ese tiempo. Nos divertíamos muchísimo y yo disfrutaba de la vida. Claro que, si le fallábamos a Mamá o Papá, tendríamos nuestro merecido; pero «el temor a Papá» estaba bien programado en nuestra mente y no teníamos ningún interés en desobedecer. Papá era la figura autoritaria y Mamá era nuestra «intercesora». Pero, más que Mamá y Papá, existía Dios, y nos habían enseñado a amarlo y servirlo desde el día en que nacimos.

Antes de ingresar en la secundaria**, no me preocupaba demasiado acerca de mi educación futura; estaba demasiado ocupada divirtiéndome. No obstante, a veces, durante ese segundo año de preparatoria, comencé a darme cuenta que me gustaba estudiar, descubrir cosas nuevas, hablar con mis maestros y considerar que no sería suficiente solo completar los estudios secundarios. Quería ir a la universidad. En realidad, no había problemas; mis padres estaban de acuerdo. Mis estudios habían sido siempre con honores y tendría varias opciones para conseguir becas. Estaba emocionada y entusiasmada al pensar que iría a la universidad. Entonces, cuando llegué al último año y empezamos a pensar en serio acerca de mi destino universitario, ¡mi padre salió con una de sus reglas! Primero, dijo, tendría que estar lo suficientemente cerca como para poder venir a casa los fines de semana. Bueno, no estaba tan mal; sin embargo, al poco

---

* «Mantequilla de maní», crema de cacahuete. (*Peanut butter*, en inglés).

**Secundaria. En este libro, se refiere a todo el período entre la educación primaria y la universitaria o terciaria.

tiempo cambió de idea y dijo que no podía ir a ninguna universidad vecina, viviendo con gente desconocida. Me tendría que quedar en casa y asistir a alguna universidad local. No me puse muy contenta con eso; a los 17 años tenía un sincero deseo de saber más y más, de conocer gente nueva , de ver lugares distintos. Sin embargo, a no ser que algo hiciese cambiar la mente de Papá, tendría que quedarme en casa e ir a la facultad de día. No recuerdo haber orado al respecto, pero Dios debe haber visto el verdadero deseo que yo tenía de «más», y obró.

Descubrimos que en San Antonio, Texas, funcionaba la International Bible College (Universidad Bíblica Internacional). Mi padre fue allí, visitó la universidad, se entrevistó con el director y volvió diciendo que podía ir. Ni siquiera tuve en cuenta que el IBC no era una universidad de arte, sino una universidad bíblica. Recién después de haber llegado a San Antonio y al confrontar el horario de las clases fue que me di cuenta dónde estaba. ¡Todo lo que ofrecían eran clases de Biblia! Algunos podrían decir: «¡Que pena! ¡Una joven graduada con honores y con posibilidades de obtener becas viene a parar acá, a 1.600 km. de su casa, a una pequeña universidad no acreditada y para estudiar teología...!» Pero Dios tenía todo bajo control. Él sabía dónde me quería y qué deseaba que yo hiciera. Tal fue así que Él usó al IBC, ya que era el único lugar donde Papá me dejaría ir a la universidad lejos de casa, y así poner los pies en el camino que Dios tenía planeado para mí.

Entonces, a los 17 años, me encontraba en San Antonio, Texas; una novata en el IBC, y trabajando para pagarme los estudios. ¡Estaba encantada! Durante mi tiempo en la secundaria había sido aceptada por mis profesores y compañeros; no obstante, no era parte de los grupos debido a mis valores cristianos. La iglesia que había fundado Papá, la cual pastoreaba, era pequeña en ese entonces y no contaba con muchos jóvenes, y nadie de la escuela iba a la iglesia conmigo. A pesar de no experimentar sentimientos de rechazo, no me sentía parte del grupo del colegio. No me incluían en sus planes o en sus fiestas, idas al cine, bailes, salidas, etc.

Ahora, en el IBC, había encontrado un grupo de estudiantes que eran tan «fanáticos» por las cosas de Dios como yo. ¡Me parecía haber llegado al Cielo! Allí todos eran cristianos. Casi todos tenían, básicamente, los mismos valores que yo y eran mis amigos. ¡Danzaba todos los días! ¡Cantaba todo el tiempo! ¡Había un gozo inefable que bullía en mi interior y en todo lo que hacía! Un día, en el trabajo, mientras estaba archivando unas tarjetas, ni me di cuenta que estaba cantando hasta que mi jefe me pidió que apagara la radio. ¡Amaba a todo el mundo! ¡El mundo era un lugar hermoso! Dios era un gran Dios, la vida era un desafío y todo era perfecto. A todos aquellos profesores que pensaban que yo andaba siempre «en las nubes», puedo decirles que en ese tiempo realmente era feliz. Amé cada minuto que pasé en el IBC. Integré el coro, me uní a la orquesta, participé en el club de teatro, en los grupos de oración por las misiones nacionales y extranjeras... ¡Estuve en todo! Quería hacer todo lo que pudiera, y lo intenté.

Recién llegada al IBC me enteré que necesitaban alguien para trabajar en la oficina. Entonces, como había trabajado en la oficina de Papá desde los diez años y podía escribir unas ochenta palabras por minuto —y sabía contabilidad—, estaba segura que el trabajo era mío. ¡Imagínese mi sorpresa cuando me rechazaron! Una de mis amigas, que fue a quien le dieron el puesto, me dijo después que alguien había comentado: «Es muy superficial; anda siempre en las nubes. ¡Se ríe mucho y para ella todo es diversión! ¡Convierte la oficina en un torbellino todo el tiempo!».

Por eso, no conseguí el trabajo en la universidad, sin embargo tuve uno mucho mejor, que me duró varios años.

Aunque no me oponía a la idea, no tuve novio. Me escribía con un muchacho que estaba en la Marina; la relación podría catalogarse de «semi seria», pero en el IBC no tenía novio. Tuve muchos, muchos amigos, pero ningún novio. Uno de estos amigos fue un muchacho llamado Archie. Era de Pensilvania, hemofílico. Todo el mundo quería a Archie; era muy chistoso. Él tampoco tenía novia en ese entonces, así que nos hacíamos compañía. Una noche, cuando todos volvíamos de una actividad en el autobús de la universidad, Archie estaba sentado a mi lado y todos los estudiantes se estaban divirtiendo y pasándolo bien. De repente, alguien sacó un tema controversial y nos enfrascamos en una discusión. Naturalmente, quedé atrapada en medio de ella. Archie tenía una sonrisa pícara en su rostro al verme «expuesta», y de pronto empezó a reír. ¡Se reía de mí! Me di vuelta para mirarlo y le pregunté

—¿Qué es tan divertido?

—Tú —me contestó.

—¿Yo? ¿Y por qué soy divertida?

—Porque dices que no tienes ningún llamado en particular en tu vida, pero yo sé lo que vas a ser.

Volvió a reír otra vez, echando la cabeza hacia atrás, mientras yo, sentada, lo miraba boquiabierta.

—Tú —dijo Archie—, ¡vas a ser una predicadora!

—¿¡Yo!? ¡Jamás, jamás, jamás! —chillé—. ¡Nunca seré una predicadora!

En mi imaginación, una predicadora era una mujer que pesaba unos 100 kilos, se vestía de blanco y mangas largas, se peinaba el cabello recogido hacia atrás, y transpiraba al predicar, —tenía un leve bigote— y dominaba a su marido.

Negando el «llamado» que Archie me había asignado, le di un golpecito en la cabeza con mi Biblia y repetí:

—¡Jamás!

Archie se quedó mirándome con cierto brillo en sus ojos, mientras una sonrisita picaresca se dibujaba en su rostro, y agregó:

—Espera y verás.

******

El viento era frío y cortante en aquella memorable mañana de diciembre. Yo corría atravesando el campo de la universidad, desde el dormitorio de las muchachas hasta el comedor. Todavía estaba oscuro; me había levantado temprano porque me tocaba ayudar a servir el desayuno. Tenía que acomodar las mesas y luego servir.

Mi corazón estaba feliz; me sentía dichosa. Iba a mi trabajo cantando, muy animada. (Todos los estudiantes teníamos que dar voluntariamente media hora por día de nuestro tiempo, haciendo alguna tarea en la universidad). Había estado en el IBC por algo más de tres meses, y en lo que a mí concernía, ¡aquello seguía siendo un pedacito del Cielo en la tierra! Estaba feliz por vivir y estar en ese lugar.

Algunos alumnos tenían la costumbre de llegar antes de la hora de comenzar a servir, por lo que debían esperar en el vestíbulo hasta que todo estuviese listo y sonara la campana para el desayuno. Aquella mañana en particular había solamente una persona valiente parada afuera en el frío, tan temprano; parecía ser un estudiante nuevo que estaba sentado en la cabina telefónica. En medio de la preparación del desayuno, me dirigí hacia él para presentarme.

—¡Hola! Me llamo Nola Jean Holder. ¿Eres un nuevo estudiante?

—Soy Jerry Witt —me contestó— y no, no soy nuevo; al menos no por el momento. Estoy con mi padre visitando la universidad para ver si me inscribo.

—Bueno; espero que lo hagas. Nos divertimos muchísimo acá. Sé que lo vas a pasar tan bien como todos nosotros.

Mientras continuaba con mi trabajo, me dije a mí misma: «¡*Humm...*, *no está mal!*». Alto, más de un metro ochenta, pelo castaño y ondulado, ojos azules y una encantadora sonrisa. «*¡Espero que venga a estudiar!*»

No hubo nada que me advirtiese que el muchacho con quien acababa de conversar accidentalmente me iba a cambiar la vida por entero.

******

«Jerry»

Jerry era el mayor de tres hermanos y tenía 14 años. Nacido en Amarillo, Texas, y criado en Texas, California y México. Sus padres habían entregado sus vidas al Señor al poco tiempo de que él hubiera nacido. Luego, durante su infancia, sus padres habían pastoreado una iglesia en San Jo, en el mismo Texas. Estando allí, David y Reba Witt comenzaron a sentir que Dios quería algo más de ellos, por lo que empezaron a hacer planes para mudarse a México e involucrarse en el trabajo misionero. David había conocido algunos misioneros «volantes» y eso le interesó mucho. Comenzó obteniendo su primer avión y trasladando su familia a México. El avión era usado para llegar a áreas remotas del país, donde no existía el evangelio. En pleno vuelo, arrojaban a los aldeanos el Evangelio de Juan desde el avión. Con esa motivación en mente, David y Reba tomaron su pequeña familia (en ese momento tenían tres hijos) y se mudaron a Durango, México. Jerry tenía nueve años.

A Jerry le atraían las cosas del Señor, no obstante, al entrar en la adolescencia se puso rebelde. En sus correrías con otros adolescentes por la ciudad, conoció lo peor de aquel entonces. David y Reba estaban muy preocupados y se aferraron a Dios, sin ceder ante su hijo. Cuando Jerry cumplió los 14 años, la fricción entre él y sus padres había aumentado tanto que estaba a punto de estallar. Hubo un fuerte enfrentamiento entre él y su papá. Como resultado, Jerry rededicó su vida a Cristo y salió con su padre en un viaje hacia el centro de Texas, a fin de realizar algunos servicios misioneros especiales. Luego de haber participado en esas reuniones en Fort Worth, Texas, volvieron a México pasando «accidentalmente» por San Antonio, un domingo a la mañana.

Llegaron a San Antonio al atardecer. Sin conocer nada de la ciudad, se encontraron en el área del centro, en la calle East Houston. David pensó que necesitaría una corbata para asistir a alguna de las iglesias locales, por lo que detuvo el auto y comenzó a recorrer los negocios en busca de una corbata. Jerry y David se separaron y convinieron en volverse a encontrar en el auto en una media hora. Jerry fue hasta la tienda Walgreens, en la esquina de East Houston y Navarro. Después de recorrer los pasillos y darse cuenta de que no encontraría allí lo que buscaba, decidió dar el tema por concluido y regresar donde estaba su padre. Al salir de la tienda vio que un grupo de jóvenes estaba reunido en la esquina. Tenían acordeones, guitarras y Biblias. Iban a cantar, y uno de los muchachos daría un pequeño testimonio acerca de lo que Jesús había hecho en su vida. Mientras observaba, y para su asombro, fue su propio padre quien dio el testimonio de lo que Jesús había hecho en su vida. Su padre había descubierto al grupo antes que Jerry y ya estaba participando en el servicio callejero. A los pocos minutos, los estudiantes (del IBC) terminaron sus actividades e invitaron a Jerry y a David para que los acompañaran al Revival Temple (Templo de avivamiento) para la reunión de la noche. De allí fueron al IBC y pasaron la noche. A la mañana siguiente, estaban en el comedor para desayunar.

******

Después de conversar con Jerry esa fría mañana en el vestíbulo del comedor, me disculpé y seguí con mi trabajo. Habían comenzado a llegar los estudiantes y Jerry miraba para todas partes en busca de caras conocidas. Pronto apareció la única persona que él conocía en aquel lugar, otro muchacho misionero de Monterrey, México. Jerry tomó a Mickey del brazo y lo arrastró hasta la puerta:

—¿Quién es la chica que está preparando las mesas para el desayuno?

Mickey estiró un poco el cuello para ver y le dijo:

—¡Ah! Es Nola Jean. Pero no te hagas ilusiones con ella; tiene un pretendiente en la Marina. Además, ¡tiene tres años más que tú!

—¡No importa! —contestó Jerry, sonriendo—. Algún día me casaré con ella.

Durante aquellos años, la institución no era sólo una universidad, sino que también contaba con un colegio secundario. Fue allí donde se inscribió Jerry unas semanas después y se integró perfectamente a la vida del IBC. Era muy conocido a causa de su individualismo, su prestancia y su temperamento. Debido a las diferencias de grados, solamente nos encontrábamos en el coro. Él se destacó como tenor.

******

«Cortejo»

No había pasado mucho tiempo cuando comenzó a circular el comentario, llegándome el rumor de que Jerry había dicho que se casaría conmigo. No estaba obsesionado con eso, pero jamás cambiaría de parecer. Salió con otras chicas, pero todos siempre supieron que él se pensaba casar con Nola Jean. Por supuesto, todos los estudiantes se reían cuando decía esas cosas, ya que él estaba en la secundaria y yo en la universidad.

Yo no me reía. Es más, ¡me divertía! Honestamente, sentía que lo que él estaba experimentando era algo propio de un adolescente, y que pronto se recuperaría. Por eso, a pesar de disfrutar el estar con él, no respondí a sus ideas románticas; en parte por las edades, y en parte porque yo tenía un pretendiente en la Marina. Al poco tiempo que Jerry llegara al IBC, mi pretendiente debía salir en una misión al Japón. Estaría afuera por un año y medio. Antes de partir, me llamó desde California y me envió una inmensa caja de caramelos, junto a una foto suya. Recibí ambas cosas una tarde, al llegar a la residencia estudiantil después del trabajo, y fui con ellas al comedor. Aunque hacía rato que la cena había terminado, muchos estudiantes seguían dando vueltas por el lugar; Jerry era uno de ellos. Convidé a todos con los caramelos y les mostré la foto de mi pretendiente a cuanto compañero deseara verla. Cuando Jerry tomó la foto, se quedó mirándolo unos segundos y luego, pestañeando, levantó la vista y me guiñó el ojo.

—¡Buen mozo! —dijo—. Si no fuese porque sé que el Señor está de mi parte, seguramente, me daría por vencido.

Aquel otoño, Jerry estaba en el IBC y yo quedé en Georgia. Mis padres no quisieron que volviera a la universidad ese semestre, por lo que decidí tomar un empleo que me habían ofrecido. Tenía que presentarme a la mañana siguiente, pero durante la noche, Dios me habló.

Hasta ese momento, nunca había sentido un «llamado» específico relacionado con el IBC, ni sentía un llamado particular al ministerio. Fui allí porque era un lugar al cual podía ir y las cosas se habían dado así. Ahora, de pronto, la noche anterior a tener que presentarme en mi nuevo trabajo, Dios me hablaba; ¡Él quería que volviera al IBC! Esa noche no dormí, luchando con la situación. Casi al amanecer bajé al dormitorio de mis padres. Mamá ya estaba levantando a todo el mundo para ir a sus respectivos empleos o escuelas, pero papá todavía estaba en su cuarto. Me senté en una silla y estallé en llanto. Entonces le pregunté:

—Papi, ¿puedo hablar contigo?

Sorprendido y con compasión en su rostro, me dijo:

—Por supuesto que puedes hablar conmigo. ¿Qué sucede?

—Papá, no puedo aceptar ese trabajo. Tengo que regresar al IBC —dije, mientras lloraba a mares.

Entonces Papá me dijo:

—No tienes por qué tomar ese empleo, si no quieres. Y si verdaderamente sientes que debes regresar al IBC, eso es lo que puedes hacer.

¡Sentí que me sacaba un enorme peso de encima!

Entonces le pedí otra cosa:

25

—Papá, ¿le explicarías a Mamá por qué no puedo tomar el empleo?

—Sí, hija; hablaré con tu madre al respecto.

Después le pedí otro favor:

—Papá, ¿podrías llamar a Sara (la persona que me había dado el trabajo y con quien debía trabajar) y decirle que no aceptaré el empleo?

—Sí. También haré eso.

Mi papá estuvo conmigo en esa decisión y, aunque no estaba muy contento con que estuviera a 1.600 Km. de distancia, comprendía que Dios estaba obrando en mí, y él lo respetaba.

Por lo tanto, volví al IBC a mitad de año.

Lo primero que me enteré al llegar fue que la convicción de Jerry acerca de que el Señor nos quería juntos no había cambiado ni un ápice. De hecho, la noche anterior a mi llegada, él había estado conversando con unos amigos y uno de ellos le había preguntado cuál era el motivo por el que estaba tan contento. Su respuesta fue lo primero que me contaron cuando llegué.

—¡Mañana llega mi inspiración...!

Mi compañera de cuarto durante los tres años en el IBC fue Bárbara Conner. Era la pianista del cuarteto masculino donde Jerry cantaba como tenor aquel año. Como compañera de cuarto, muchas veces cuando el cuarteto tenía alguna actuación en la zona de San Antonio, yo la acompañaba. Volviendo de una de esas presentaciones a finales de mayo, nos veníamos riendo, hablando y cantando. Todos tenían ya sus esposas o novias, y puesto que Jerry y yo éramos los únicos sin compromiso, íbamos juntos. Era una noche cálida, perfecta para serenatas; ideal para enamorarse.

Paramos a comer en un restaurante y, en algún momento de esa noche decidí que Jerry Witt era uno de los mejores jóvenes que había conocido. Disfrutaba de su compañía más que la de cualquier otro muchacho de la universidad. ¡Era una lástima que fuese más joven que yo! Cuando llegamos de vuelta a la universidad, les di las buenas noches a todos y me fui a mi habitación, ya que era tarde y tenía muchas cosas que hacer «antes que apagaran las luces». Aquella noche, al ir a mi cuarto, me di cuenta que Bárbara no estaba allí, por lo que supuse que estaría con David. Ellos estaban comprometidos para casarse y se podían quedar conversando todo lo que quisieran, con tal que estuvieran cada uno en sus dormitorio antes de las 10 de la noche. Diez minutos antes de las diez, ella llegó corriendo. Enseguida empecé a hablarle de la reunión en la iglesia donde había participado el cuarteto, sin darme cuenta que ella estaba muy preocupada por algo. Hasta que Bárbara me miró severamente, y me dijo:

—Nola Jean, ¿sabes dónde estuve?

—No. Me imaginé que estarías con David.

—Pues no fue así.

Ya que parecía que ella quería que le preguntase dónde había estado, lo hice.

—Estuve todo el tiempo en el campo de voley hablando con Jerry —y agregó—: ¡...hablando de ti!

Al principio no supe qué decir. Solo exclamé:

—¡Ah!

—¿Sabes lo que me ha dicho, Nola Jean? Dijo que él sabe que un día te tendrá en sus brazos y se reirán juntos de todo esto, pero que ahora está destrozado.

Esa noche comencé a pensar que tal vez aquello no era solamente el enamoramiento temporal de un adolescente. Aunque él era muy joven todavía, en los asuntos espirituales estaba mucho más adelantado que los compañeros de su edad. Ya para entonces, sabía que el Señor lo quería en el ministerio a tiempo completo.

Jerry estudiaba la Biblia constantemente, y por las noches, con frecuencia, aprovechaba sus horas libres yendo a una de las aulas o a la capilla para estar a solas con Dios. A veces, cuando estaba rodeado de personas de habla inglesa, él oraba en español a fin de que la conversación fuera algo íntimo entre él y Dios.

Un día, Jerry le pidió a su amigo Paul Dodge que lo acompañara a dar una vuelta. Jerry le quería mostrar un panal de abejas que había encontrado. Se subieron al auto de Jerry y anduvieron aproximadamente unos treinta kilómetros, saliendo de la ciudad y metiéndose por estrechos senderos en las granjas. Detuvieron el auto en una colina y caminaron unos 800 metros en busca de ese panal... ¡que nunca encontraron! Finalmente, Paul miró a Jerry y le preguntó:

—¿Cómo es posible que hayas encontrado ese panal de abejas, tan lejos de todo? ¿Cuál fue la ocasión por la que estuvieras aquí para encontrarlo?

Entonces Jerry le contó la historia. Una mañana estaba orando en ese lugar y escuchó el zumbido de abejas a su alrededor. Comenzó a investigar y encontró el panal, por lo que había decidido regresar con Paul para extraer la miel. Esa había sido una de aquellas ocasiones que nadie conocía, en las cuales él se escapaba para estar a solas con el Señor, en la mañana temprano.

Durante mi segundo año en el IBC, no cesaba de maravillarme de Jerry, aunque no lo suficiente como para darle lugar al tema del romance. Jerry estaba cada día más convencido de que Dios nos quería juntos, y yo comenzaba a flaquear en mi posición; la relación con mi «pretendiente» de la Marina iba decayendo poco a poco.

Una noche, justo antes de la finalización de las clases, me encontraba en el edificio administrativo hablando con Jerry. Ya para entonces, éramos muy buenos amigos y hablábamos abiertamente. Como el tema de mi pretendiente era algo preocupante para mí y tenía que hablarlo con alguien, lo hice con Jerry. Le conté que no había tenido ninguna noticia suya en los últimos dos meses y que no sabía qué hacer al respecto. Jerry nunca me dijo que lo dejara. Solamente me demostró su afecto en todo momento.

—No hagas nada —me dijo—. Deja todo en manos de Dios y que Él haga lo que tenga que hacer. Además —añadió con esa enorme sonrisa que lo caracterizaba— ¡creo que el Señor te está reservando para mí!

******

Cuando volví al IBC para completar mi tercer año, las cosas habían cambiado. Mi pretendiente de la Marina había escrito, diciendo que sentía del Señor terminar con nuestra relación. Sufrí, aunque no mucho. Hacía mucho tiempo que no nos veíamos y mi vida estaba tomando un rumbo diferente al que él estaba planeando para la suya. Además, Jerry ya estaba en la universidad. Se había puesto más atractivo, más espiritual y más determinado que nunca en su propósito de conseguirme. ¡Y yo estaba lista a prestarle atención!

Durante todo el tiempo en que Jerry me había esperado, había salido con varias chicas, pero nada serio. Ese año, al regresar a la universidad, le hice saber que si todavía pensaba aquellas extrañas cosas acerca de mí, entonces yo estaba interesada en saber más. Fue así que comenzamos a salir seriamente.

El IBC tenía regulaciones muy estrictas y, como habíamos

empezado con el noviazgo después que comenzaran las clases, no nos daban ningún privilegio extra. Si nos llegaban a ver conversando sin permiso en los predios de la universidad, podíamos tener serios problemas. Antes de comenzar a salir podíamos conversar todo lo que quisiéramos, pero una vez cruzada esa línea que separaba a los amigos de las parejas, teníamos que ajustarnos al reglamento. Un día, mientras intercambiábamos unas palabras en el receso del almuerzo, nos aseguramos de dejar la distancia del ancho del sendero entre ambos. Pero, a pesar de ello, se nos acercó uno de los profesores, y con un rostro muy serio nos dijo:

—Los he estado observando y no han dejado de conversar durante los últimos diez minutos. Jerry, vé al dormitorio de los varones; y tú, Nola Jean vé al de las muchachas. ¡Y dejen de hacer parejita!

Nos sentíamos tan culpables como si nos hubieran encontrado en un abrazo apasionado. En la universidad teníamos algo de oposición debido a nuestra diferencia de edad, y, aunque esa diferencia a veces me había hecho dudar, finalmente llegué a la conclusión de que estaba tan enamorada que todo lo que podía ver era a Jesús, Jerry y México. Cuando tocaba el piano en las reuniones de la capilla, miraba a través de la tapa levantada del piano de cola directamente a Jerry, a los ojos, y cantaba: «Si Jesús va conmigo, iré adonde sea». Lo que realmente estaba cantando era: «Si Jerry va conmigo, iré adonde sea». Estábamos verdadera y profundamente enamorados. La primera vez para ambos.

Años después, Jerry le estaba contando a un pastor amigo acerca de nuestro romance y cómo él había sabido que quería casarse conmigo desde el momento de conocerme. El hombre se sentó y quedó con la boca abierta.

—¿Me estás diciendo que tenías tan solo 14 años cuando conociste a Nola y decidiste en ese entonces casarte con ella?

Riendo, Jerry le respondió:

—¡Exactamente!

El pastor meneó la cabeza y dijo:

—¡Hombre! ¡Tú estabas pensando en casarte cuando yo todavía jugaba a las canicas*! Por supuesto, a mí me había llevado mucho más tiempo arribar a la misma conclusión. Pero sí; estábamos enamorados, y deseábamos casarnos. Después de todos

---

* Bolitas de mármol. Expresión que significa «estar en la niñez».

esos años de resistirme a la persecución de Jerry, me entregué con todo mi corazón. Él era mi vida, mi héroe; era mi amor y quería casarme con él.

Eso me trajo muchos problemas con mi familia. Era la hija mayor y, como el resto de mis hermanos, el orgullo de Mamá y Papá. Me estaba por graduar de la universidad y mis padres habían hecho planes con respecto a mí. Habían invertido miles de dólares en mis clases de música. Habían hecho grandes planes acerca de lo que haría en la iglesia después de mi graduación. Pero, ahí estaba yo ...queriendo casarme con ese joven sabelotodo, tres años menor que yo. ¡Y lo peor de todo era que ese «sabelotodo» me quería llevar a vivir al desconocido México!

En años posteriores nos reímos del asunto, pero en su momento no fue divertido. Mamá y Papá sufrían terriblemente, lamentando por esta hija que, ciertamente, arruinaría su vida yendo a México. Para nosotros tampoco era una situación dichosa el tener que insistir tanto en nuestro casamiento. Fue una época muy difícil para todos, un período de muchas lágrimas, con charlas y consejos que duraban hasta la madrugada.

Ese año me gradué del IBC. En la graduación, el pastor David Schoch me dio una palabra de profecía. Me asustó la manera en que comenzó. Él dijo: «Te has metido en una situación por la que has recibido la oposición de tus amigos y de quienes te rodeaban. Te advirtieron no seguir adelante, pero tú decidiste no escucharlos y continuar con lo que creíste que era lo que debías hacer.»

El corazón me palpitaba aceleradamente y casi no podía respirar. En este punto, yo pensaba: «*¡Oh, Dios! ¿Te he perdido?*»

El pastor Schoch siguió: «Pero el camino que elegiste fue el camino de la Cruz. Te he conducido por él y lo seguiré haciendo siempre y cuando me sigas...»

«*¡Fiuhhh! ¡Qué alivio...!*», pensé.

«Vendrán tiempos difíciles en tu vida. Será un tiempo tan negro y sin esperanza que sin la gracia de Dios estarás completamente perdida. Pero, como Dios está contigo, vencerás y en las tinieblas nacerán canciones.»

Después de la graduación los padres de Jerry quisieron que él volviera a México con ellos, y los míos quisieron llevarme a Georgia con ellos. Sin embargo, nosotros queríamos estar juntos y nos daba la impresión que no sería posible. Nos dijimos adiós y nos fuimos cada uno con sus respectivos padres.

Ambos nos sentíamos completamente destruidos. Seguí adelante y conseguí trabajo. En dos semanas perdí cinco kilos. Estaba enferma físicamente, de tanto que extrañaba a Jerry. Las cartas que recibía de él decían que se sentía igual que yo. Estaba tan flaco que si perdía un kilo más tendrían que internarlo.

Me escribía casi a diario, y lo único que esperaba era que su papá volviera de un viaje para decirle que quería ir a Georgia para estar conmigo. Entonces, cuando su padre regresó del viaje, llegó cansado, tarde en la noche, y no tomó muy en serio lo que Jerry le dijo. Al día siguiente, Jerry empeñó todo lo que tenía, salvo su automóvil, y se lanzó camino a Georgia en busca de Nola Jean.

Habíamos estado separados casi cuatro semanas. Una mañana sonó el teléfono. Al atender, escuché la voz de Jerry. ¡Estaba abajo! Yo le había dado ambas direcciones: la de casa y la de la oficina. Él se sentía desdichado; se había pasado dos horas esa mañana, antes de que yo llegara al empleo, buscando el edificio donde yo trabajaba. Quería verme en cuanto llegara, en vez de tener que esperar todo el día hasta que regresara a casa por la tarde.

Fue un encuentro glorioso. Paseamos por los alrededores de Georgia todo el día y volvimos a casa en la tarde.

Mis padres estaban aterrorizados. Yo sabía que estaban heridos y no querían que me casara con este joven «casanovas» que se había robado mi corazón y que deseaba llevarme a México; pero se portaron muy bien. Ambos nos dimos cuenta del sufrimiento de mis padres y evitamos comportarnos como rebeldes.

Conversamos con ellos hasta que, finalmente, nos dijeron:
—Está bien.

Mamá y Papá sabían que no nos íbamos a casar contra su voluntad, sino que deseábamos obedecerles; no obstante, también se dieron cuenta de lo mucho que queríamos estar juntos. Nos casamos el 1º de julio de 1959; Jerry con 17 años y yo con 20. La ceremonia fue llevada a cabo por mi abuelo materno, el pastor W.L. Cole. Mi abuelo ni siquiera quiso celebrar el casamiento hasta estar seguro que contaba con la aprobación de mi padre. Papá me llevó hasta el altar y me entregó. Desde ese día en adelante, Mamá y Papá amaron a Jerry como si fuera su propio hijo.

******

La luz era una fuente de estímulo que me llevaba a la superficie, mientras luchaba abriéndome camino por la interminable neblina gris. De pronto, la niebla se hizo más ligera, siendo superada por un insoportable dolor en mi brazo izquierdo. Ante mi estupor, resistí el dolor tratando de arrancar de mi brazo aquello que lo causaba, pero con cada intento que hacía, alguien me agarraba la mano y me retenía, evitando que llegara a la fuente que me causaba ese terrible dolor. Aunque mi mente se resistía a ese tratamiento, sentía que me deslizaba nuevamente hacia la neblina gris.

Cuando volví a despertarme el brazo ya no me dolía tanto, y empecé a darme cuenta dónde me encontraba. Mis ojos se movieron desde la enfermera que había estado al lado de mi cama toda la noche, hasta la línea de sangre que me estaban inyectando por mi brazo izquierdo; esa era la causa del dolor. Luego miré los aparatos que estaban al lado de mi cama y de los cuales recibía la sangre que goteaba lentamente. Mi primer pensamiento fue: «De no ser por el Señor, hubiese muerto».

Era la madrugada del 11 de mayo de 1960. Nuestro primer hijo había nacido la noche anterior. El parto había sido largo y complicado. El bebé era grande; pesaba más de cuatro kilos y medía 55 cm. Después me enteré que Jerry había estado al pie de mi cama aquella noche y había clamado a Dios, mientras el médico y la enfermera luchaban por mantener mi presión sanguínea lo suficientemente alta como para que se marcara en el monitor. Finalmente, lo lograron. Luego de comenzar con la transfusión empecé a recuperarme, y las cosas comenzaron a normalizarse.

A la mañana siguiente, bien temprano, Jerry volvió al hospital. Durante el embarazo yo había insistido en que quería que se llamase Jerry, en caso de ser varón. «De ninguna manera», decía Jerry, invariablemente. «A ningún hijo mío lo llamarán *Junior*.» Pero aquella mañana, cuando regresó al hospital y me vio nuevamente en recuperación, vio que el bebé estaba sano y robusto, dijo:

—Después de todo lo que has pasado para traer ese bebé al mundo, mereces ponerle el nombre que quieras. En lo que a mí respecta, puedes ponerle *Herkimer*, si quieres.

Le pusimos Jerry Douglas Witt *II*.

A las seis semanas de ocurrido el nacimiento, partimos de San Antonio, aprovechando las vacaciones de Jerry del IBC.

Teniendo compromisos misioneros en varias iglesias que se mostraron interesadas en nuestra idea de salir a México, salimos a media noche en dirección a Fort Worth, Texas. La noche era fría y despejada; las estrellas brillaban resplandecientes. Nuestro bebé dormía en su cunita en el asiento de atrás, y nos hallábamos contentos porque estábamos comenzando el ministerio que el Señor nos había dado.

Cantamos, alabamos y hablamos con el Señor todo el trayecto desde San Antonio hasta Fort Worth. Era tal como Jerry me había escrito dos años antes: «Nunca fui tan feliz en mi vida, y sé que el motivo es que estamos en su perfecta voluntad. Fuera de ella no hay gozo».

Dios nos bendijo enormemente aquel verano; tanto que Jerry comenzó a pensar que tal vez no debería regresar al IBC a terminar sus estudios bíblicos. Teniendo la bendición del Señor de manera tan abundante, no tendríamos más que seguir adelante con el ministerio. Entonces comenzó a averiguar por todo lo necesario para un equipo de evangelización. Compró una carpa y la instaló para una campaña de avivamiento en una pequeña ciudad en el centro de Georgia. Algunas personas de la iglesia de Papá venían a los servicios nocturnos y hubo una buena respuesta de parte de la gente de la localidad. Jerry estaba seguro que esta era otra de las señales de Dios para que se olvidara de los estudios y comenzara inmediatamente con el ministerio activo.

Una tarde se levantó una fuerte tormenta. No me pareció que fuese gran cosa, pero a los treinta minutos recibimos el llamado telefónico de alguien que tenía un negocio cerca de la carpa. ¡Nos comunicaban que la carpa se había derrumbado!

Jerry salió corriendo en el auto para cerciorarse. ¡Era verdad! Esa pobre tienda estaba totalmente en tierra, con los postes y las luces desparramadas por todas partes. El piano y las sillas plegadizas estaban bien, pero la carpa estaba destruida. ¡La campaña de avivamiento había llegado a un forzoso final!

Estábamos dolidos y confundidos. Todavía debíamos dinero por esa carpa. ¿No se daba cuenta Dios que estábamos tratando de servirlo? No obstante, antes que terminara aquel día, Jerry se fue para estar a solas con Dios. Esa noche, cuando yo estaba acostando al bebé, me dijo que todo lo ocurrido había sido ocasionado por Dios. Atónita, lo miré y le dije:

—¿Cómo es posible que me digas que el Señor lo quiso? ¡Todavía debemos dinero por esa carpa que ya ni siquiera tenemos!

—Lo sé —me contestó—; pero estoy comenzando a pensar que tal vez perdí a Dios del centro de enfoque. Creo que el Señor me está tratando de decir que no necesito quedar encerrado en ninguna campaña de avivamiento o trabajo evangelístico. Él me quiere en México; desea que vuelva a mis estudios bíblicos hasta que los termine. Él tiró abajo aquello en lo que yo había puesto mi esperanza y no me dejó otra opción. Volveremos a San Antonio y terminaré mis estudios.

Fue así que volvimos a San Antonio. Jerry y yo nos empleamos a tiempo completo y él siguió estudiando simultáneamente. Trabajaba siete días por semana (ni siquiera se tomaba el domingo libre) y bebía unas quince tazas de café para mantenerse en pie. Al mismo tiempo, nuestro bebé crecía y llamaba «Papá» a uno de nuestros amigos.

Durante las vacaciones de Navidad su último año, varios estudiantes hicieron un viaje para observar el trabajo misionero en México. Juntamos el dinero y fuimos todos juntos. Visitamos el colegio bíblico La Nueva Esperanza, al sur de Monterrey. Cuando el director del colegio supo que Jerry hablaba castellano y que quería tener un ministerio en México, lo invitó a trabajar con él en el colegio. Tanto Jerry como el director querían comenzar inmediatamente. Durante los pocos días que pasamos allí, estuvimos en varias reuniones que visitamos con algunos estudiantes, viendo algunas de las necesidades en México. Cuando Jerry hablaba con la gente, se ponía a llorar. Lloró casi todo el tiempo que estuvimos allá.

De regreso en San Antonio, decidió que quería ir a México... ¡ya! Ninguna graduación tenía sentido; la necesidad era urgente y él era capaz de hacerse cargo de ella. ¡Quería irse en ese mismo momento!

Comencé a orar. Hubiese querido que terminara sus estudios, pero Jerry insistió en que teníamos que prepararnos para partir. Avisé en mi trabajo con dos semanas de anterioridad y comencé a prepararme sicológicamente para la mudanza. Sin embargo, algunas cosas trabajaron de tal forma que Jerry decidió terminar sus estudios, graduándose en mayo de ese año. Cuando iba caminando hacia la plataforma para recibir su diploma, algunos sentimos que una gran batalla había sido ganada.

Inmediatamente después de la graduación salimos en un viaje que duró un año entero. Fuimos de Texas a Georgia, de allí a Florida, luego a Indiana, Illinois, Arkansas, Kansas, para finalmente parar un tiempo en California, donde vivían los padres de Jerry. Todos estos viajes los hicimos teniendo México como meta, con el propósito de interesar a la gente en la obra que Dios había puesto en nuestro corazón por ese país. En todo el trayecto se fueron abriendo puertas para el ministerio y no tuvimos problemas en mantenernos ocupados. Aun así, cuando llegamos a California, fue como si el Señor nos hubiese detenido y las puertas para el ministerio se cerraron.

Entonces, Jerry comenzó a buscar trabajo. Nuevamente, todo lo que intentaba, no daba resultado. Ni siquiera podía encontrar trabajo o llegar al sitio donde estaba localizado. Pensamos que habría trabajo en el centro de California, pero cuando estábamos por salir se rompió uno de los frenos y se prendió fuego. No lo pudimos arreglar a tiempo para hacer el viaje, por lo que le pedimos prestado el auto a la abuela de Jerry y partimos, pero pronto se descompuso el generador de ese auto. ¡No pudimos encontrar trabajo!

Unos día después de aquello, estábamos de vuelta en la casa de la abuela de Jerry, decididos a ir hacia el sur de California donde estaba trabajando su papá. Volvimos a subirnos en el auto y salimos en busca de trabajo. Esta vez íbamos de frente a un viento que soplaba a unos 90 Km. por hora, arrastrando un pequeño acoplado y subiendo una colina. Bueno, el auto no resistió el esfuerzo y la transmisión se recalentó. El aceite hirvió y salía humo. Nuevamente, tuvimos que regresar a la casa de la abuela de Jerry.

Desistimos de la idea de buscar trabajo, y fue entonces cuando un amigo del norte de California se puso en contacto con nosotros y nos ayudó a programar varios encuentros en su área. Otra vez estábamos «en la corriente», en nuestro camino a México. Un hombre de esta área de California nos dio una vieja camioneta pensando que nos serviría en el campo misionero, y para allá partimos llevándola detrás del auto, unida con una barra de hierro. Lo primero que sucedió en ese viaje fue que esa barra se rompió y hubo que manejar la camioneta. Eso significaba que debíamos conducir dos vehículos en lugar de uno, con el consiguiente gasto de gasolina y extras. Debido a que en esos días había una «guerra entre gasolineras» en el sur de California,

Jerry había comprado dos tanques extras de 200 litros de gasolina cada uno, y los llevábamos en la parte posterior de la camioneta, para usarla durante nuestro camino hacia la frontera con México.

Por supuesto, contábamos con poco dinero y ese vehículo regalado nos seguía dando problemas mientras cruzábamos Arizona y Nuevo México. Cerca de Deming, en Nuevo México, la rueda trasera derecha explotó. Jerry la arregló y seguimos manejando, pero seis kilómetros más adelante volvió a reventar. Esta vez tuvo que llevar la llanta a un lugar en Deming para que se la arreglaran. Cuando regresó ya era de noche, y hacía mucho frío.

En las noticias de la radio informaban que se avecinaba una fuerte tormenta invernal y nosotros nos encontrábamos en el medio de donde pasaría. Pensamos que de seguir adelante nos mantendríamos abrigados; no teníamos dinero ni tarjetas de crédito para gastar en hotel. Pero nos dimos cuenta que las luces de la camioneta no funcionaban, por lo que debíamos parar, quisiéramos o no.

Aquella noche permanece en mi memoria como una de las más largas y frías de toda mi vida. Esa noche tuvimos que dejar el motor encendido para tener algo de calefacción, gastando un cuarto de tanque de valiosa gasolina. El único que estaba bien era el pequeño Jerry. Yo lo había envuelto con varias mantas y durmió toda la noche. Pero Jerry y yo sufrimos miserablemente el frío toda la noche. Nos puso muy contentos ver salir el sol a la mañana siguiente.

En algún lugar de todo el recorrido que hicimos antes de llegar a California, nos dimos cuenta que venía en camino nuestro segundo hijo. Por eso, al salir de California, en vez de dirigirnos directamente a México, volvimos a San Antonio para esperar el nacimiento del bebé.

Dios nos seguía bendiciendo; al volver a Texas se abrieron varias puertas para el ministerio y la gente siguió mostrando interés en la obra en México. Fue durante este período «de espera» que Jerry, ya con 18 años, tomó clases de vuelo y varios pastores de la zona lo ayudaron a comprar su primer avión.

El 19 de mayo de 1962 nació Jonatán Marcos Witt. Desde el primer momento fue un niño hermoso. En la sala de parto la enfermera me lo puso al lado para que lo viera. Él me miró fijo a los ojos, como diciendo: *No te preocupes; tengo todo bajo control.*

Jerry consiguió su avión, nuestro segundo bebé había nacido, y varias iglesias y pastores se estaban comprometiendo para ayudarnos en nuestra visión por México. Estábamos emocionados porque podíamos ver que el momento de nuestra partida se estaba acercando cada vez más.

2

¡Aquí estamos, gente afortunada!

Uno de los mejores amigos de Jerry era John Eils, un misionero en México. Ellos habían vivido juntos en México antes de nuestro matrimonio, y se habían visto involucrados en varias «situaciones» donde solamente aquellos a quienes les gustaran las bromas se hubieran metido en ellas. John había llegado a San Antonio unos días antes que naciera Marcos y quería que Jerry tomara su nueva avioneta Piper Super Cruiser, y volara a la zona en la que estaba trabajando en el estado de Tamaulipas para hacer algo de evangelismo. (Realmente, no era un avión nuevo, ¡pero era el orgullo y la alegría de Jerry!) Mi esposo, siempre listo para otro vuelo, estuvo de acuerdo enseguida para hacer el viaje; después de todo, no podía trasladar a toda la familia porque Marcos era un bebé aún y, qué mejor oportunidad que hacer el viaje a México él solo. Por lo tanto, John y Jerry volaron a México en la avioneta.

En cuanto partieron, yo tuve un sueño. En él vi que el avión se venía abajo, teniendo que hacer un aterrizaje forzoso y, aunque ellos estaban bien, el avión sufría graves daños.

La noche anterior a la que John y Jerry debían regresar a San Antonio, fui a la iglesia. Se acercó una persona hasta donde yo estaba y me preguntó:

—¿Cómo están los muchachos? ¿Se encuentran bien?

—Supongo que sí. Como no tenemos teléfono, no nos hemos hablado desde que se fueron —les contesté.

—¡Ah! —exclamó esta persona—. ¿Entonces, no te enteraste?

—¿No me enteré de qué?

39

—Bueno, tal vez no te lo tendría que decir, pero escuché el rumor de que habían tenido un accidente.

¡Me quedé petrificada! Pero enseguida recobré el sentido común. Me calmé y hablé con el pastor, dándome cuenta que mi sueño se había hecho realidad. Jerry y John habían llamado a la iglesia. Se habían estrellado, pero ellos se encontraban bien.

El tipo de vuelo que ellos hacían era a baja altura sobre un pueblo remoto, arrojando evangelios de San Juan por la ventanilla. Debido a que John tenía más experiencia en este tipo de vuelo, era él quien estaba conduciendo el avión y Jerry iba en el asiento de atrás, arrojando los evangelios. Habían estado volando durante varias horas y estaban comenzando a sentir el cansancio, por lo que decidieron aterrizar y descansar unos minutos. No había habido ninguna emergencia ni necesidad para aterrizar. Simplemente, estaban cansados y querían descansar un rato antes de terminar el trabajo del día.

Mientras buscaban un sitio para aterrizar, divisaron un lugar abierto y decidieron bajar ahí. Mientras se acercaban al pequeño descampado, Jerry verificaba los controles por encima del hombro de John, ya que conocía mejor el avión. Cuando Jerry se dio cuenta que no tenían la velocidad necesaria para la altitud en la que se encontraban, le gritó:

—¡Jooohn...!

Pero era tarde.

El avión cayó al descampado desde una altura de 50 metros, estrellándose y se deslizándose por una buena distancia en la tierra, mientras que los dos hombres se sacudían de un lado al otro de la pequeña cabina. El habitáculo se llenó de tierra y piedras. Cuando se detuvo, las hélices estaban dobladas sobre el motor. El primer pensamiento fue: «¡*Fuego!*», por lo que salieron de prisa del avión. Su próximo pensamiento fue ver que ambos estuviesen bien a pesar que el avión se encontraba en terribles condiciones. ¡Lamentaron mucho lo que le había sucedido a la avioneta! A los pocos minutos llegó la policía. Como el avión era estadounidense y estaba piloteado por dos pilotos de esa misma nacionalidad en tierras descampadas y alejadas, eran sospechosos de contrabando. Llegó el inspector de la aviación federal y ordenó que los demoraran para hacer averiguaciones.

Los llevaron a la ciudad próxima, donde los metieron en la cárcel. Luego los trasladaron a un hotel, donde quedaron bajo arresto domiciliario hasta que se aclarara el asunto. Eso llevó un par de días, pero todo se aclaró y regresaron a San Antonio con el pequeño avión en la parte trasera de un camión.

Jerry comentaría después: «¡Ni siquiera tuvimos el privilegio que nos encarcelaran por predicar el evangelio...! ¡Nos metieron en la cárcel porque creyeron que éramos contrabandistas!»

Con el tiempo ese avión fue arreglado, sin embargo nunca volvió a ser el mismo.

Al poco tiempo del regreso de Jerry, el médico dijo que Marcos y yo ya estábamos en condiciones de poder viajar, a fin de mudarnos a México. Metimos todas nuestras pertenencias en una casilla rodante y partimos rumbo a México. Estábamos usando la camioneta vieja y desvencijada que nos habían regalado para remolcar la casilla, ya que habíamos vendido el automóvil. Todavía debíamos dinero por el auto y no nos queríamos ir a México con deudas. Entonces lo vendimos y usamos esta camioneta (que ya estaba más para el desarmadero que para otra cosa) y con ella nos fuimos en nuestra travesía a México. A unos cuantos kilómetros de San Antonio tuvimos que llamar a un amigo, Paul Bostow, para que nos fuese a buscar, porque la camioneta no andaba:

—¡Paul! —dijo Jerry—. Estamos como a 20 kilómetros de la ciudad y la camioneta no tiene fuerza para arrastrar la casilla. El generador ya está roto y los empaques del diferencial también. En lo que vamos ya hemos gastado medio tanque de gasolina y la mitad del aceite del motor. Creo que no nos será posible hacerlo.

Paul vino y nos llevó de regreso. Nuestro entusiasmo se convirtió en disgusto al tener que quedarnos unos cuantos días más en San Antonio, hasta arreglar las cosas y volver a emprender la partida.

Paul se ofreció a arrastrar la casilla hasta Monterrey con su camión y nosotros viajamos en la camioneta con los niños. Eso fue una tremenda bendición y la respuesta a la oración. Pero, aun así, los problemas no habían terminado. Como a unos setenta kilómetros al sur de San Antonio, se desinfló una rueda de la casilla. ¡Eso fue el inicio de un episodio muy particular! Hicimos arreglar la rueda antes de llegar a Laredo, Texas (casi en la frontera), y la casa rodante estropeó otra llanta. Jerry gastó sus últimos cuarenta dólares en dos llantas para ella.

Fue excitante cuando llegamos a la aduana de México y entramos a la carretera que nos llevaría a Monterrey. Entonces Jerry me preguntó, emocionado:

—¿Te das cuenta dónde estamos?

Sí; finalmente, estábamos en México, del otro lado de la frontera. Con nuestros dos hijos y todas nuestras pertenencias terrenales, nos encontrábamos camino a Durango, donde teníamos planeado vivir y llevar adelante nuestro ministerio antes de trasladarnos a otra área.

En Monterrey otros amigos cargaron nuestras pertenencias en sus pequeños acoplados (para que la casilla pudiera regresar a San Antonio), y nos llevaron a Durango, donde encontramos una casa y nos instalamos ese mismo día.

Mientras buscábamos la casa donde viviríamos, el pequeño Jerry (que en ese entonces tenía dos años) decidió caminar detrás de su papá y de los otros amigos en uno de sus recorridos. Debido a la emoción de estar finalmente en Durango y en la búsqueda de vivienda, ¡no nos dimos cuenta que él se había extraviado hacía ya una media hora! Al tomar consciencia de ello, todo el mundo se lanzó a su búsqueda inmediatamente. Nuestro amigo iba en una dirección, su esposa en otra y Jerry en otra; todos buscando al pequeño. Todo había sucedido cerca de una plaza, por lo que la recorrí palmo a palmo con Marcos en mis brazos (quien durmió todo el tiempo de nuestra odisea), orando desesperadamente para que Dios nos ayudara a encontrar a nuestro hijo.

—¡Dios! ¿Qué es esto? —exclamé—. ¡No he estado ni 24 horas en esta ciudad y ya desaparece mi hijo!

Clamé, rogué, oré, le supliqué a Dios para que me ayudase a encontrar a ese pedacito de humanidad.

De pronto escuché un grito, y allí, en la esquina, estaba nuestro amigo con el pequeño Jerry en brazos. Lo había encontrado dentro del auto de otra gente, quienes al verlo perdido lo estaban por llevar a la estación de policía.

—No habla mucho, ¿verdad? —había comentado el hombre que lo encontró—. Le pregunté su nombre y dónde estaban sus padres, pero todo lo que me dijo fue «Gum».

«Claro que no habla mucho», pensé para mí misma. *«No tiene más que dos años; ¡y además, no habla español.»*

Aunque el pequeño Jerry había estado separado de nosotros por más o menos una hora, cuando nuestro amigo lo vio estaba agarrado de la ventanilla del auto donde lo habían puesto, gritando y sacudiendo los brazos en su dirección. ¡Estaba esperando que alguien lo encontrara!

Verdaderamente, el pequeño Jerry había sido un «paseandero» desde que comenzó a caminar. Se iba hasta la casa de los vecinos para jugar con el perro, o salía caminando por la calle para ver qué encontraba. Creo que ese día se curó; nunca más salió solo de paseo.

Al día siguiente de nuestra llegada a Durango, Jerry se sentó delante de nuestra vieja máquina de escribir y les escribió a nuestros amigos la siguiente carta:

> *«Ayer, cuando estábamos acercándonos a Durango, México, el cielo estaba cargado de nubes de lluvia sobre al ciudad. Hoy estuvo lloviendo suavemente y los granjeros esperan copiosas lluvias.*
>
> *»Generalmente le prestamos poca atención a la lluvia, pero en esta ocasión, sentimos que tiene un gran significado. Como ven, México no sólo ha padecido la falta de lluvia en varios años, sino que tampoco la ha habido espiritual. Por esta razón, cuando Nola y yo entramos a la ciudad en respuesta al llamado del Señor, nuestros corazones clamaron para que esta gente tuviese una abundante lluvia del cielo.»*

Habíamos trabajado bastante preparándonos para nuestra estadía en México. Habíamos viajado, orado, comprado equipos, levantado fondos, tenido dos hijos y, finalmente, ¡estábamos en el país! Incluyendo los años que estuvimos en el instituto bíblico, habíamos dedicado, por lo menos, cinco años preparando esta mudanza, y durante todo ese tiempo habíamos sentido cierta urgencia. Era un sentimiento como que el tiempo pasaba y que necesitábamos llegar a la tierra de nuestro llamamiento, para seguir adelante con el trabajo que Dios nos había dado. Toda nuestra vida había estado centrada en llegar a México. Debido a esa concentración y al esfuerzo por llegar, sentía que los mexicanos nos iban a estar esperando con los brazos abiertos. Jerry no compartía esa esperanza; él había vivido en México cinco años siendo adolescente. No obstante, yo quería publicar en las calles: «¡Bueno, gente afortunada! ¡Aquí estamos! ¡Ahora pueden venir a buscar el evangelio...!»

Por supuesto, eso no fue —¡ni remotamente!— lo que pasó.

Nuestra visión había sido siempre la de levantar congregaciones evangélicas en lugares donde no las hubiese, y establecer una escuela bíblica de preparación para líderes nacionales. No queríamos ir donde ya hubiese testimonio, ni tampoco trabajar con iglesias establecidas. La visión era alcanzar las áreas no evangelizadas de Durango. La escuela bíblica llevaría años para desarrollarse, pero inmediatamente comenzamos a evaluar dónde era necesaria una iglesia. Alrededor de la ciudad de Durango había varios pueblos pequeños, y comenzamos a evangelizar y a tener reuniones en esos lugares.

Pero, en aquellos primeros tiempos nos echaban de todas partes. Uno de esos lugares fue un pequeño pueblo llamado Carrillo Puerto. Teníamos el nombre y la dirección de un hombre que nos había escrito pidiendo un curso por correspondencia sobre la vida de Cristo. La primera vez que Jerry fue a visitarlo lo recibieron con los brazos abiertos. La gente estaba contenta de verlo, ansiosa por escuchar más del evangelio. El primer servicio fue acordado para el domingo siguiente. Cuando Jerry y el pastor mexicano que lo iba a ayudar volaron sobre Carrillo Puerto aquel domingo, vieron que había una multitud de más de 300 personas esperándolos. Jerry creyó que se debía a que la gente estaba tan contenta de su llegada que habían formado un comité de bienvenida.

—¡Alabado sea Dios! —exclamó mirando al pastor mexicano—. ¡Parece que vamos a tener un buen número de oyentes!

Era un comité de recepción, pero no del tipo de los que dan bienvenidas. Cinco de esas 300 personas estaban causando problemas. Tenían palos y machetes y gritaban para que se fueran:

—¡Evangélicos! ¡No los necesitamos! ¡Somos cristianos! ¡Márchense de aquí!

Ni Jerry ni el pastor mexicano se dieron por vencidos tan fácilmente, sino que intentaron razonar con la gente y dialogar. No lograron nada.

De pronto, uno de los revoltosos gritó.

—¿Dónde hay un fósforo? ¡Denme un fósforo! Le prenderemos fuego al avión.

Bueno, un avión en llamas era lo último que deseábamos, por lo que Jerry y aquellos que sí querían el servicio decidieron que lo mejor sería retirarse y volver en otra ocasión. Aun así, había quienes estaban interesados en escuchar lo que los «evangélicos» tenían para decirles, y extendieron la mano para recibir el Evangelio de Juan que Jerry les ofrecía. Cuando se disponía a volver al avión, después del alboroto y los problemas, un anciano estaba parado al lado de la avioneta, con lágrimas corriendo por sus mejillas. Estaba desanimado porque las cosas no habían salido bien. Había otros a su lado llorando también por lo mismo.

Regresaron a la aldea por carretera, para no llamar tanto la atención, pero los revoltosos seguían apareciendo. En una ocasión la situación se puso tan difícil que el alcalde tuvo que mandar al ejército para mantener el orden. A la gente se les dijo que México era un país libre y que si estos evangélicos querían tener servicios religiosos, podían hacerlo. Pero aun así, no se estableció ninguna iglesia en la aldea.

Había otro pueblo a pocos minutos de la ciudad de Durango. Se llamaba El Conejo; era un lugar desolado y extremadamente rocoso. Todo el pueblo estaba construido de piedra: las callejuelas, las paredes, las casas... ¡todo! Cuando llegamos a El Conejo nos recibieron bien. La gente estaba hambrienta por escuchar la Palabra de Dios, y un buen número salía a escuchar la predicación. Escuchamos ciertos rumores acerca de algunos que estaban tratando de causar problemas, pero la respuesta había sido tan positiva que no creímos que pudiera pasar algo malo.

Cierta noche nuestro amigo Daniel Gutiérrez estaba predicando en la aldea. La gente estaba sentada en la entrada de la casa de una señora, donde se hacía la reunión. Había gente adentro y afuera tratando de escuchar el mensaje. ¡Era emocionante! Finalmente, vimos que algo positivo estaba sucediendo como resultado de nuestra estadía en México.

En un momento de la reunión, vi que un hombre se acercaba y se llevaba a Jerry afuera. Había algunos intentando desinflar las ruedas de la camioneta. Jerry se apoyó en el viejo vehículo para vigilar y, al mismo tiempo, para conversar y darle testimonio a los hombres que estaban afuera. Cuando concluyó la reunión, la dueña de casa estaba muy atemorizada. Quiso que Jerry metiese la camioneta en el corral y que todos nosotros pasáramos la noche allí, ya que había oído comentarios de lo que algunos pensaban hacernos esa noche —¡y no era nada bueno! Ella quería que nos quedáramos hasta la mañana siguiente. No pensamos que fuera necesario, pero ella insistió que, al menos, permitiese que yo y los niños nos quedáramos con ella porque estaba asustada. Cuando Jerry me comentó esto, yo exclamé:

—¡De ninguna manera! No me voy a quedar en un lugar donde Jerry no se quede conmigo y los niños.

Habiendo decidido manejar los 15 km. que nos separaban de Durango, nos subimos a la camioneta con el pastor Daniel y su familia para regresar a la ciudad. Jerry nos puso a las mujeres y los niños atrás, por seguridad en caso de violencia.

Salimos muy despacio de esa casa debido a que la calle era angosta e irregular. Estaba hecha con piedras, ¡y no de las más lisas y parejas! Eran piedras de diferentes tamaños, con salientes muy pronunciadas. La aldea estaba construida sobre la ladera rocosa de una montaña, y pienso que las calles fueron sólo lugares donde ellos dejaron las rocas en la tierra, tratando de rellenar las uniones con tierra lo mejor que pudieran. La camioneta tenía una caja de transmisión con una opción especial para trabajo forzado —que ellos llaman «abuela»—, pero que trabaja a una velocidad mucho más lenta que una transmisión normal. Jerry puso a la camioneta en «abuela» y empezó a andar. La señora comenzó a caminar al lado de la camioneta, por lo que Jerry se detuvo y le preguntó:

—¿Qué hace? ¿Sucede algo?

—Voy con ustedes. Los voy a acompañar hasta la salida del pueblo para estar segura que se van bien.

Jerry le dijo:

—Si va a venir con nosotros, suba al vehículo en vez de caminar a la par nuestro.

Ella subió de un salto al asiento delantero y gritó:

—¡Vámonos!

Lo más rápido que pudo, Jerry pasó de «abuela» a una marcha más rápida.

A la señora no le pareció que estuviésemos avanzando mucho y volvió a exclamar:

—¡Vámonos!

Tres veces exclamó lo mismo hasta que logramos una velocidad que la satisfizo. Como ya dije, las calles eran muy estrechas, sólo lo suficientemente anchas para que pasara un vehículo a la vez en medio de esas paredes de piedra de tres metros de alto a cada lado. Mientras la mujer seguía diciendo «¡Vámonos!» la camioneta siguió trepando ese camino y tomando velocidad, con las luces reflejándose contra el cielo. De pronto vimos que delante nuestro teníamos un cruce de caminos, ¡y una pared de piedra en frente nuestro! La única salida era doblar violentamente a la derecha; de lo contrario, nos incrustaríamos de cabeza en la piedra. Ya estábamos demasiado cerca, por lo que Jerry gritó:

—¡Agárrense todos...!

Y nos sujetamos. Recuerdo haber pensado que no lograríamos doblar y que nos estrellaríamos contra la pared. En la parte trasera nos movíamos de un lado para el otro; sin embargo, de alguna manera y con la ayuda del Señor, Jerry pudo tomar control del vehículo y dobló en aquella esquina tan ajustada. Al entrar en la calle, nos encontramos con el primer montón de rocas. Algunos habían estado amontonando piedras en la calle, en un esfuerzo por detenernos y así tenernos a su disposición.

Al ver las piedras, la señora que iba con Jerry adelante lanzó un grito:

—¡No se detenga; nos están esperando!

Jerry no se detuvo, e intentó sortear las piedras lo más rápido que pudo, golpeando algunas de ellas.

Antes de salir del pueblo y entrar a la carretera para regresar a Durango, tuvimos que esquivar cuatro montículos de piedras como el primero. Vimos a la gente que habían juntado piedras para arrojarlas contra nosotros. Algunas piedras golpearon en la camioneta, pero Dios estuvo con nosotros aquella noche. Tampoco las llantas se estropearon, puesto que los hombres que intentaron desinflarlas le habían sacado un poco de aire, y eso fue una bendición. Para esos caminos, un poco menos de aire las cuida mejor. Esa vieja camioneta debimos venderla unos meses después como chatarra, pero esa noche era exactamente lo que necesitábamos para escapar de las «manos del enemigo».

Una vez llegados a la carretera, Jerry detuvo el vehículo para que la señora que nos acompañaba descendiera y regresara a su casa. Al parar, ella lo miró y le preguntó:

—¿Qué está haciendo?

—Parando para que se baje y regrese a su casa.

—¡De ninguna manera! Esa gente sabe que salí con ustedes y saben que ustedes realizaron la reunión en mi casa. Voy a ir a la ciudad con ustedes y me voy a pasar unos cuantos días con una amiga, entonces volveré a mi casa a plena luz del día.

Intentamos regresar a ese pueblo con el evangelio, de varias maneras y en diferentes oportunidades, pero aún hoy, treinta y cinco años después de todo aquello, sigue sin haber testigos del evangelio en el pueblo de El Conejo.

******

No solamente hubo persecución y oposición, sino que nos enfrentábamos con problemas en otras áreas de nuestra vida. Nuestros dos hijitos estaban enfermos todo el tiempo. El pequeño Jerry podía superar las innumerables infecciones estomacales —tan comunes en los países del Tercer Mundo— mucho mejor que el bebé. Un día se cayó y le tuvieron que dar varios puntos en el labio superior; hasta el día de hoy se le nota la cicatriz.

Marcos casi se muere debido a los tantos problemas estomacales. A pesar de que yo hervía todo lo que se llevaba a la boca —inclusive la cuchara con la que le daba de comer— él sufría un problema estomacal tras otro. (Un médico me dijo que la bacteria estaba en el aire que respirábamos). A los seis meses, Marcos pesaba tan sólo cinco kilos y medio, y parecía un viejito arrugado. No obstante, seguimos luchando y al cabo de un año comenzó a tener tiempos más largos entre una enfermedad y otra. Comenzó a ganar peso y a lucir más como un niño de su edad.

Pero durante los primeros seis meses de nuestra estadía en México nuestros hijos estaban enfermos y a nosotros nos echaban de todos los lugares a los que entrábamos con el evangelio. Encima de todo eso, la situación económica era mala.

Habíamos ido a México con la promesa de ayuda de varios amigos y pastores. Una de las primeras lecciones que aprendimos es que, a veces, las promesas no se cumplen. No teníamos muebles, ni siquiera una mesa para comer. Jerry y yo nos sentábamos en sillas plegadizas, y al pequeño Jerry lo sentábamos en el suelo para comer —ni siquiera había suficientes sillas plegadizas para poder sentarlo a él también. Durante semanas enteras no tuvimos carne para comer; fue ahí que aprendí sobre sustitutos para la carne. No teníamos luz, ni gasolina para el vehículo o el avión. Cuando nos fuimos de San Antonio nos habían dado una cama vieja que debíamos arreglar cada noche, porque estaba desvencijada. Una noche, después de haberla arreglado por tercera vez, Jerry dijo:

—¡Déjala...! ¡Pongamos el colchón en el suelo y durmamos así!

Sí, hubo momentos en los que nos preguntamos qué estábamos haciendo en este sitio. Pero Dios fue fiel y fuimos viendo con mayor claridad que Él nos había traído a este sitio. Buscamos otros lugares para ministrar donde no nos rechazaran; batallamos contra las frecuentes enfermedades que contraían nuestros hijos y le pedíamos a Dios que nos diera fuerzas para mantenernos fieles a Él ante la apremiante situación económica. En aquella época pasamos varias semanas comiendo solamente calabazas con fideos y queso. Muchas veces Jerry tuvo que ir caminando los doce kilómetros que había hasta el aeropuerto para ver el avión, porque no había dinero para gasolina, autobús o taxi.

Llegó el día en que todo se acabó. No teníamos dinero para comprar calabazas, ni siquiera para la leche del bebé. Menos aún para la gasolina del vehículo. Literalmente, estábamos tocando fondo. Le di a mi bebé de dos meses su último biberón, al mismo tiempo que Jerry salía caminando rumbo a la oficina de correo, ya que no teníamos gasolina. Marcos tomó su biberón y le di algo para desayunar al pequeño Jerry. Los niños se acomodaron para tomar una siesta mientras esperábamos a ver qué haríamos después.

Me parecía que a Jerry le estaba llevando mucho tiempo ir hasta la oficina postal, aun cuando fuera caminando. A las cuatro horas, Marcos estaba con ganas de tomar su próximo biberón y yo estaba empezando a preocuparme. Sin embargo, cuando la situación comenzaba a ponerse muy crítica —especialmente para el bebé— alguien tocó a la puerta. Corrí a abrir y allí estaba Jerry, con una gran sonrisa en su cara y una enorme caja con alimentos en los brazos. En el correo lo esperaba una carta con un cheque de diez dólares. Entonces había ido a hacer las compras y había hecho el trayecto de vuelta a casa caminando, con alimentos necesarios para unos pocos días.

Aprendimos varias lecciones en esa época acerca del vivir día a día, pero una cosa muy valiosa fue aprender que aun una ofrenda pequeña puede ser todo lo que se necesita para alimentar a una familia. Eso era lo que necesitábamos en aquel momento. Dios se encargaría de lo necesario para el día siguiente.

También aprendimos que había otras personas con el mismo

tipo de problemas. En otro momento, cuando las finanzas eran muy escasas (no teníamos más que cinco pesos) fuimos a visitar a Daniel y Dolores Gutiérrez para animarnos un poco. Allí nos dimos cuenta que ellos estaban peor que nosotros. Ellos también tenían un bebé y no tenían dinero para comprarle leche. Con los últimos cinco pesos que nos quedaban le compramos leche a su bebé y algunas otras cosillas para comer. Entonces comimos todos juntos y pasamos un buen rato de compañerismo. Al día siguiente, Dios nos hizo llegar un dinero y pudimos seguir adelante.

Aquellos primeros seis meses fueron los peores en varios aspectos. Hubo más persecución, problemas económicos y enfermedades. Era como si estuviéramos siendo probados con fuego, y que una vez que pasábamos ese nivel, entrábamos en otra prueba. Por supuesto, tuvimos otros problemas económicos en los años siguientes, así como problemas de salud, y también hubo épocas de oposición, pero nunca estas cosas sucedieron al mismo tiempo o con la misma intensidad que durante aquellos primeros seis meses.

Nos fuimos acomodando. Compramos nuestros primeros muebles, encontramos un pueblo donde la gente sí quería escuchar el evangelio, mientras que los hijos se estaban adaptando al clima y la comida.

Al final del primer año en México, Jerry estaba visitando unas diez poblaciones por semana y predicando el evangelio a gente que nunca lo había escuchado, y la gente estaba respondiendo. Habíamos podido comprar un terreno en las afueras de Durango, donde planeábamos levantar el Colegio Bíblico. Dios estaba abriendo puertas y bendiciendo; Durango se estaba convirtiendo en nuestro hogar.

A pesar de la oposición y los problemas, también nos divertimos muchísimo. Una de las cosas más alentadoras que nos sucedió en aquellos primeros meses fue el estímulo que recibimos de otros misioneros de otras denominaciones y concilios que vivían en la zona, quienes estuvieron alrededor nuestro y nos ayudaron a mantenernos firmes y seguir adelante. Había misioneros metodistas, menonitas reformados y bautistas, todos muy buenos amigos que compartieron sus vidas con nosotros. Los misioneros bautistas Gilberto y Carolina Ross tenían niñas de la edad de los nuestros, por lo que nos veíamos más con ellos. Además, Gilberto estaba interesado en los vuelos misioneros y pasaba mucho tiempo con Jerry, volando sobre los pueblos que necesitaban el evangelio. Se habían hecho amigos y cada tanto se iban de caza a las montañas. ¡Nunca cazaron nada! El primer mes de diciembre en Durango (un mes frío y lluvioso) Gilberto y Jerry decidieron ir a pescar en vez de cazar. Se llevaron un bote hecho en casa para meterse en el lago. El único problema era que al bote le entraba agua y de pronto se encontraron en medio del lago, con el bote bajo sus pies.

—¡Jerry no tuvo problema porque el agua le llegaba al pecho, pero yo tragué agua —comentaba riendo Gilberto después, al contar lo sucedido.

Jerry medía 1,87 metros y Gilberto 1,60. ¡Pero por lo menos trajeron un pescado!

Uno de los pueblitos donde ministrábamos se llamaba Paura de Mesquital. Estaba situado a unos sesenta kilómetros montaña arriba, y era de difícil acceso. Sin embargo, lo más interesante era que teníamos que atravesar dos ríos para llegar a Paura. No obstante, nos daba mucha alegría trabajar con la gente de allí, por lo que cruzar esos dos ríos era parte de la aventura.

Sí, fue una aventura, hasta aquel frío día de diciembre de nuestro primer año, cuando volvíamos de un servicio especial de Navidad. La camioneta estaba llena de miembros de mi familia que nos estaban visitando en esos días festivos. Había sido un día fuera de lo común e íbamos de regreso a casa. Pero hacía frío, estaba oscuro y el río estaba crecido. Hubo un cambio de opiniones acerca si debíamos cruzar el río o no, pero, ¿qué otra opción teníamos? O lo cruzábamos o nos quedábamos sentados en la orilla; en el frío y con unas diez personas, incluyendo mujeres y niños. Por eso, decidimos cruzarlo. Generalmente, esa camioneta nos había servido en situaciones semejantes, pero esta vez nos falló. En lo más profundo del río, con el agua casi a la altura de la cintura, el motor dejó de funcionar. Quedamos varados en la fría noche y el agua que comenzaba a entrar en la camioneta. No había nada que hacer, a no ser que los hombres salieran y empujaran el vehículo. Jerry, Papá, mi hermano y un hermano mexicano se sacaron los zapatos, se remangaron los pantalones y se metieron en las frías aguas de aquella oscura noche de diciembre. Todos se sacaron los zapatos, excepto Papá. Él ni siquiera se remangó los pantalones.

Cuando Jerry le dijo que se tenía que sacar los zapatos o se le iban a arruinar en el agua, mi papá dijo:

—Mis pies son más valiosos que los zapatos. ¡No me quiero lastimar los pies caminando por las piedras del fondo!

¡Era la primer visita que mis padres hacían a México y les encantaba! Aunque al principio se habían opuesto a nuestro matrimonio, luego fueron parte integral de nuestro trabajo en México. Para mi padre fue una experiencia revolucionaria en su espíritu, la cual cambió para siempre la vida de su iglesia.

Durante los primeros meses de nuestro matrimonio, Papá y Jerry hablaban y debatían acerca de cada fase de la obra misionera. Jerry desafiaba a Papá, quien se ponía a la defensiva y empezaban una nueva discusión. En una de aquellas conversaciones, Jerry le preguntó por qué su iglesia no creía en las misiones.

—¡Claro que creemos en las misiones! —respondió Papá.

—Entonces, ¿por qué no dan dinero para las misiones?

—Damos dinero para las misiones.

—¿Cuánto dinero han dado para las misiones el mes pasado?

—Bueno, ... nada.

—¿Y los últimos dos meses?

—Nada.

—¿Y cuánto dinero dieron a las misiones en los últimos seis meses?

—Bueno, ...nada.

—Bien —agregó Jerry—. ¿Cuánto dinero dieron para las misiones el año pasado?

Papá estaba contento que Jerry hubiera preguntado por «todo el año», porque al fin podía contestarla afirmativamente.

—Le mandamos diez dólares a un misionero en Japón —dijo—. Además, tenemos que hacer más obra misionera en los Estados Unidos que en los países extranjeros. Espera hasta que hagamos la obra misionera en nuestro país; una vez que los Estados Unidos estén evangelizados, entonces podremos empezar en otras partes del mundo. No queremos enviar nuestro dinero a lugares lejanos cuando todavía hay necesidades en casa. ¡Queremos que la cosa sea equilibrada!

—Pastor Holder —le dijo Jerry—; quisiera que analizara algo. Comenzando en su iglesia y tomando la dirección que usted quiera, en un kilómetro y medio, dígame cuántas iglesias hay en el área.

—Bueno..., no sé cuántas, pero hay unas cuantas.

—Hasta que el campo misionero en el mundo no tenga el mismo acceso al evangelio que hay en los Estados Unidos, no podemos decir que no hay necesidades y que no sea necesario mandar misioneros y fondos a esos países. Así es como se mantiene el «balance», viendo que aquellos que nunca escucharon tengan la oportunidad de conocer acerca de Jesucristo.

Esa noche Papá sufrió en su espíritu lo que Jerry le dijo. ¿Había estado equivocado al no involucrarse en la obra misionera? ¿Era cierto que la gente en los países extranjeros tenían tanta necesidad del evangelio como la de los Estados Unidos? ¿Había tenido una mente estrecha en su manera de ver la evangelización mundial? Esa noche no durmió bien, batallando con estas cosas en su espíritu. Finalmente, cerca del amanecer, encontró una salida.

—¡Oh Dios! —exclamó Papá desde lo más profundo de su alma— perdóname por haber sido egoísta. He pensado solamente en mis necesidades personales. Perdóname y cambiaré. Señor, ¡perdóname y haré que esta iglesia tenga una mentalidad misionera!

Más de treinta años después, esa pequeña iglesia ha enviado varios misioneros, así como cientos de miles de dólares en fondos misioneros. Mi papá se está acercando a su cumpleaños número 80, pero sigue viajando a México, por lo menos una vez al año, para ministrar y regocijarse en lo que, por la gracia de Dios, ha estado involucrado durante todos estos años. De sus nueve hijos, él ha ayudado a enviar cinco al campo misionero.

Pero este era su primer viaje a México, y lo disfrutaron. Quedaron anegados en las aguas heladas del río esa noche, viajaron en la parte trasera de un camión, sentados en el piso durante varias horas cuando íbamos arriba en la montaña a tener diferentes reuniones, caminaron por senderos pedregosos yendo a otras aldeas y se asombraron por la respuesta de la gente que escuchaba el evangelio por primera vez en su vida.

Se compenetraron en la obra, llegaron a ser parte del pueblo mexicano en aquel primer viaje y se fueron involucrando más a medida que pasó el tiempo.

Sí, nos estábamos afianzando. Durango se estaba convirtiendo en nuestro hogar.

El primer año en México también fue de continuo descubrimiento. ¡Descubrimos las bodas mexicanas!, cosa que para los norteamericanos es algo muy diferente. Ellas están preparadas para servir de testimonio a los familiares inconversos, y el servicio se compone de himnos y sermones como en una reunión regular. Además, casi todas las bodas a las que asistí comenzaron tarde. Siempre hay que esperar a la novia, o a la pareja, o a alguien importante para la familia. La ceremonia comienza tarde y dura —por lo menos— dos horas. Luego sigue la recepción, donde se sirve comida y se juega. ¡Usted sabe que realmente ha ido a una boda!

La primera a la cual asistí allá comenzó dos horas tarde. El servicio duró por lo menos dos horas, y hubo juegos y comida. La boda comenzaba a las doce del mediodía; cuando nos fuimos, a las nueve de la noche, la fiesta todavía estaba en lo mejor. ¡Y tiene sentido!; después de tanto esfuerzo y gasto, ¿por qué debe terminar en treinta minutos? ¡Me encantan las bodas mexicanas!

Descubrimos también la naturaleza innovadora de la gente de los pueblos. Una noche, fuimos a una de las aldeas para una reunión casera. Durante el tiempo de la reunión escuchamos un constante «píiio—píiio», lo que parecía provenir de un pollito. Sin embargo, no se veía ningún pollito caminando por allí. Al finalizar la reunión, preguntamos qué era y nos enteramos que una de las señoras tenía uno en la falda. Como estaba enfermo, lo estaba cuidando y lo tenía cerca de su cuerpo.

En esa misma aldea escuché uno de los testimonios de conversión más increíbles que jamás haya escuchado en mi vida.

Parece que esta señora era quien controlaba a todos los que se oponían a los evangélicos de ese pueblecito. Ellos no eran de su agrado y por eso no los quería alrededor. Entonces conducía las manifestaciones de protesta y hacía todo lo que estuviera a su alcance para crear problemas.

Un día, cuando volvía al pueblo, se levantó una súbita tormenta. El viento soplaba con fuerza y la lluvia caía tan copiosamente que ni siquiera podía ver por dónde caminaba. De pronto esta mujer cayó a tierra, aturdida por un rayo. La familia salió a buscarla y la encontraron atónita, sin poder hablar, tirada y embarrada en medio de la calle. La llevaron a su casa y la acostaron. El doctor dijo que estaba aturdida a consecuencia del golpe, pero que se recuperaría. No había quemaduras en su cuerpo, sino sólo la imposibilidad de moverse y de hablar.

Permaneció dos semanas en cama. Durante todo ese tiempo,

Dios le habló. Le dijo que había estado mal, oponiéndose a esa gente que había llevado la Palabra de Dios al pueblo. Le dijo que debía arrepentirse y aceptar al Señor Jesucristo como su Salvador.

Cuando finalmente se levantó de la cama y reanudó su vida, era otra mujer. Le entregó su corazón al Señor, les dio testimonio a sus familiares y amigos, y, cuando me enteré del testimonio de su vida, era uno de los líderes en la congregación del pueblo.

Sí, nos sentíamos en casa y disfrutábamos con el trabajo que Dios nos había dado.

Un poco más de un año después de haber llegado a Durango, nació nuestro tercer hijo. Philip Andrew Witt (Felipe) pesó más de cuatro kilos.

Era sumamente rubio y tenía una sonrisa tan grande como el mundo entero. Era el más feliz de todos los bebés y hacía reír a todos, más allá de lo apesadumbrado que uno pudiera sentirse.

Marcos tenía que salir de la cuna para dejarle lugar a su hermanito, pero no teníamos una cama para darle, por lo que lo pusimos en un viejo corralito que nos habían dado y que estaba medio destartalado. Una noche, poco tiempo después que regresáramos a Durango, luego del nacimiento de Felipe, no habíamos terminado de acostar a los niños cuando escuchamos un ruido fuerte y un grito. Fuimos corriendo al cuarto y encontramos a Marcos gateando bajo el corralito que se le había venido encima.

¡Al día siguiente le fuimos a comprar una cama!

Sí, en Durango nos sentíamos como en casa, aunque en cierta medida la oposición y la persecución continuaron como parte de nuestro diario vivir.

La mayor oposición y persecución estaba dirigida hacia el avión. Con el tiempo, toda la persecución se fue calmando, pero las amenazas con respecto al avión seguían.

Un día, una de las señoras de una de las iglesias de la montaña bajó a la ciudad en busca de Jerry.

—Ayer vino a mi casa el líder religioso de mi pueblo, trayendo un mensaje para usted —le dijo.

—¿Qué mensaje?

—Me dijo que le dijese a ese estadounidense amigo mío que si volvía a volar de nuevo sobre su aldea, lo iban a tirar abajo. Jerry, por favor, no vuelva a volar por esa zona de nuevo. ¡No queremos que esa gente lo derribe!

Jerry le aseguró que creía firmemente que ni ese líder ni ningún otro podía ocasionarle ningún daño físico, a menos que el Señor diese un paso a un costado y lo permitiera. No subestimó la advertencia de la señora, pero tampoco pensaba que tendría que quedarse paralizado emocionalmente o temer hacer lo que había venido a hacer en México. Él sabía que su vida estaba en manos de del Señor, y que si Dios quería llevarse más gloria con su muerte que con su vida, él estaba dispuesto a morir.

En marzo de 1964, Jerry estaba volando de Monclova, Coahuila, de regreso a Durango después de haber ido a los Estados Unidos a recaudar fondos para el colegio bíblico. Al finalizar ese viaje escribió: «Cuando divisé Durango desde el avión, sentí una gran alegría en mi corazón. Nuevamente le pedí a Dios que me diese un fructífero ministerio en este lugar. Sé que es aquí donde Dios quiere que estemos».

3

El fin del comienzo

Para la Navidad de ese año le regalé a Jerry el libro de Russell Hitt, titulado *Con alas de águila*. Es la historia de cinco misioneros que fueron muertos por la etnia auca (*waodanis*) del Ecuador. Se trata especialmente de la historia del piloto Nate Saint. Cada día, cuando Jerry regresaba de sus viajes, desaparecía en la habitación del fondo para leer la historia de este piloto misionero. El día que terminó el libro, se quedó un buen rato en la habitación; cuando salió, me di cuenta que había estado orando, porque todavía tenía lágrimas en la cara. Apareció en la puerta de la cocina y se quedó mirándome mientras yo trabajaba. Finalmente, lo miré y le pregunté:

—¿Terminaste el libro?

—Sí —me contestó con una sonrisa de costado—. Fue grandioso. Fue una gloriosa manera de morir.

Haciendo una breve pausa, continuó:

—Cuando me llegue el momento de partir, esa es la forma en que me gustaría que el Señor me llevara.

—¿Quieres decir que deseas morir a manos de los indígenas?

—No. Quiero morir distribuyendo el evangelio... desde mi avión.

******

Habíamos tenido un día muy ocupado y ahora nos habían llegado visitas. Eran dos señoras que trabajaban en los Grupos Bíblicos Universitarios de la ciudad de México, y necesitaban un lugar donde pasar la noche. Después de la cena, Jerry fue a la habitación del fondo a preparar el vuelo que tenía que hacer al día siguiente. Los niños y yo nos quedamos en la cocina-comedor conversando con las visitas. Estábamos sentados alrededor de la mesa y Jerry vino a mostrarme la carta de navegación. Esa carta es un mapa ampliado que usan los pilotos para seguir el curso del vuelo. Allí aparecen los ríos, las montañas, las quebradas, los pueblos y cada asentamiento pequeño.

—Quiero mostrarte exactamente dónde voy a volar mañana —me dijo.

Señalando en el mapa con el dedo, me mostró el valle en la parte norte del estado de Zacatecas, donde estaría trabajando. Registrando mentalmente lo que me iba diciendo, le dije:

—De acuerdo —y me di vuelta para seguir conversando con las visitas.

A los pocos minutos, Jerry estaba de nuevo en la cocina con nosotros, y volvía a poner la carta de navegación delante mío.

—Quiero que estés segura dónde voy a estar volando mañana —me dijo.

Sentí un escalofrío; lo miré y le pregunté:

—¿Por qué me lo muestras tantas veces? ¿Sientes que hay algo que va a pasar mañana?

Encogiéndose de hombros, me dijo:

—No sé. Pero si llegara a pasar algo, quiero que sepas dónde decirles que me vayan a buscar.

******

Generalmente, cuando Jerry se levantaba temprano para salir en un vuelo, lo hacía antes de que yo me diera cuenta. Pero aquella mañana demoró más de lo acostumbrado. Medio dormida, podía escuchar que estaba calentando el agua para el café; luego escuché el agua de la ducha. Todavía medio dormida, me pareció que se tomaba más tiempo del usual para irse. Era como si no quisiera salir. De pronto, me di cuenta que estaba nuevamente en el dormitorio. Completamente despierta, lo llamé para que se acercara y lo abracé.

—Ten cuidado —le dije.

Le había dicho tantas veces que «tuviera cuidado» que se había convertido en un ritual de despedida cada vez que se iba.

—Lo tendré —me dijo, abrazándome y dándome un beso de despedida.

A los pocos minutos escuché el motor en marcha y el ruido del auto que desaparecía rumbo al aeropuerto.

Durango está construida en una planicie en el borde occidental de la Sierra Madre, a 1890 metros sobre el nivel del mar. El aire es claro y despejado, y no está contaminado. Excepto en el verano —cuando llueve todos los días— es un lugar perfecto para volar durante todo el año.

Aquella mañana en particular, Jerry le estaba dando una clase de vuelo a un colega misionero, antes de emprender el vuelo hacia el sur. Dub Williams había estado en México unos pocos meses y quería aprender a volar.

> «*La pista de aterrizaje se aproximaba veloz y alarmantemente a las ruedas del Cessna 170B. Como se suponía que yo era el que piloteaba el avión, era mi responsabilidad detener el inminente choque. Mi instructor, Jerry Witt, me recordó enfáticamente que tenía que bajar los controles si quería evitar un desastre. Lo hice rápidamente, pero, probablemente no con el tiempo suficiente. De todas maneras, mi esfuerzo logró su cometido ya que aterrizamos suavemente y la eterna sonrisa volvió a iluminar su rostro.*
>
> »*Jerry era más que mi instructor de vuelo. Aunque ambos teníamos 21 años, él era el misionero principal. Hacía como un año que él estaba en el campo de misión y yo sólo tenía cuatro meses de experiencia. Él había crecido en un hogar misionero, donde aprendió la cultura y la lengua hispana; yo todavía estaba en el capítulo 6 de mi libro de gramática. Aquella particular mañana fue otro ejemplo de su avanzado nivel. El tenía varios cientos de horas de vuelo y lo mío podían contarse como minutos. Esa era mi primer lección y Jerry era mi primer instructor*».*

Después de aquella lección de vuelo, Jerry y Nicolás tomaron rumbo sur sobrevolando Zacatecas. Al ganar altura, podían ver la belleza de la Sierra Madre. Al oeste se levantaban picos de 4200 y 4800 metros de altura. Al norte estaba la gran laguna y el

---

*W.W. Williams, Carta personal. Durango, México, 15 de febrero de 1994.

desierto. Al sur había más montañas. Y era sobre ellas que estarían volando esa mañana.

Durante ese año, 1964, México contaba aún con innumerables pueblitos que tenían muy poca o ninguna comunicación con el mundo exterior. Muchos no tenían teléfono, radio o televisión; ni siquiera buenos caminos de acceso. Deseando llevar el evangelio a esas áreas remotas, algunos pilotos se involucraron en lo que se llamó «lanzamiento» o «bombardeo» con el Evangelio de San Juan a aquellos pueblitos. Volando a unos 40 metros del suelo, sobrevolaban la zona y arrojaban los evangelios desde el aire a esas aldeas. El material estaba preparado como para que la persona interesada pudiese pedir más información o un curso por correspondencia sobre la vida de Cristo. Estos pilotos nunca usaron nada escrito por hombres; ni tratados ni folletos. Ellos pensaban que la Palabra de Dios tenía la promesa de Dios de no regresar vacía, por lo que arriesgaban sus vidas penetrando en esas zonas remotas, por la Palabra misma.

Era un trabajo peligroso, no sólo por tener que volar tan bajo, sino debido a la persecución que sufrían los evangélicos en aquel entonces. A veces le tiraban piedras al avión con muy buena puntería. En una ocasión un piloto vio a un hombre apuntándolo directamente a él con un rifle. Jerry recibía constantes amenazas por sus vuelos. Unos días antes de su muerte, una señora vino desde una aldea de la montaña para advertirnos de algo que le habían dicho.

La advertencia era que «si el piloto estadounidense volvía a volar sobre la aldea, lo matarían». Fue en esa zona que Jerry murió aquella fatídica mañana del 8 de abril de 1964.

Volando hacia el sur a unos 1600 m sobre el nivel del mar, atravesaron el territorio que todavía pertenecía a la etnia *tepehuan*, para entrar en la zona de Zacatecas, llegando enseguida al valle que Jerry me había mostrado en el mapa la noche anterior. Era en ese lugar donde Nicolás y Jerry tenían planeado arrojar 3000 ejemplares del Evangelio de San Juan sobre las aisladas aldeas. Trabajando metódica y sistemáticamente, cubrieron el valle por completo en un par de horas, y ya estaban ansiosos por parar en la aldea montañosa de Los Charcos, para tener un servicio vespertino antes de regresar a Durango.

Trini era una niñita de unos ocho años que entonces vivía en una de esas aldeas. Cuando vio el avión azul y blanco volando encima, comenzó a corretear con otros chicos por las polvorientas calles, gritando y exclamando, haciendo que los mayores salieran de sus casas a ver qué pasaba.

—¡Eh! ¡Niños! —les gritó un hombre del pueblo—. Tráiganme eso que está tirando el avión.

Sabiendo que tenían más para recoger después, se lo dieron. Cuando el avión ya estaba remontando vuelo y alejándose, la mayoría de los adultos sabía qué clase de propaganda estaban arrojando desde el avión. A los pocos minutos el líder religioso del pueblo estaba en la plaza central, exigiendo que todo el mundo le entregase el Evangelio de Juan. Parado en medio de la plaza, gritó:

—¡Tráiganme esos papeles ahora mismo!

Mientras lentamente le obedecían, él iba haciendo una gran pila a sus pies. Con la seguridad de tener todos los evangelios que se habían arrojado, encendió un fósforo y le prendió fuego a la Palabra de Dios que había caído del cielo esa mañana.

De todas maneras, la tía de Trini se negó a obedecer. No hizo mucha alharaca, sino que tomó las copias que los chicos le trajeron y las escondió debajo del colchón. Nadie más que la familia lo sabía.

—Ese hombre no tiene ningún derecho a decirme qué debo leer y qué no —murmuró—; especialmente tratándose de la Palabra de Dios.

Así, cuando en el pueblo ya se habían olvidado del día en que el avión azul y blanco había volado por su cielo, la tía de Trini seguía leyendo y meditando en las cosas que encontraba en el pequeño Evangelio de Juan. Cuando Jerry y Nicolás salieron del valle donde habían estado tirando los evangelios, Jerry vio repentinamente una población bastante grande en el extremo norte del valle.

—¡Todavía nos quedan algunos evangelios! —le gritó a Nicolás—. Arrojémoslos en aquel pueblo, ¿sí? Sonriendo, Nicolás asintió con la cabeza. Celoso por la misión, estaba dispuesto a hacer lo que fuera necesario para llevar la Palabra de Dios al pueblo. Dando un giro con el avión, aminoró la velocidad del avión y perdió altura. Jerry y Nicolás llegaron a Las Minas Coloradas en Zacatecas para dejarles una porción de la Palabra de Dios. El lugar era más grande de lo que parecía y les llevó unas cuantas pasadas cubrir el pueblo por completo. En las primeras dos o tres pasadas todo era normal. La gente salía corriendo a las calles, levantaban los evangelios, los niños corrían por todas partes y todos estaban emocionados. Pero, al pasar por cuarta vez, se escuchó un súbito ruido y comenzó a salir humo del motor que entró en la cabina. Dejando de arrojar los evangelios, Jerry llevó el avión a un costado, en dirección opuesta, apagó el motor para detener la salida de combustible y frenó el avión con las alas conduciéndolo a un camino que vio a un costado del cañón. No sabemos si Jerry fue herido o perdió el conocimiento, pero al llegar al otro lado del cañón, el avión aterrizó de nariz y se estrelló derecho contra el mismo. Estaba a unos 2400 metros sobre el nivel del mar. La velocidad estimada del impacto fue de 224 km. por hora, y la parte delantera del avión quedó enterrada en el suelo hasta el panel de controles.

El pequeño avión blanco y azul había explotado, formando una gran bola de fuego que arrojó el ala derecha a un lado de la montaña, dejando el resto completamente destruido, a excepción de la cola. Jerry y Nicolás partieron a la presencia del Señor.

Diez minutos después, tres campesinos venían por la ruta que Jerry quería alcanzar. Llevaban un cargamento de manzanas a la ciudad para vender. Aunque habían visto el siniestro, no sabían nada de lo que estaba haciendo el avión en esa región. Los restos todavía estaban con fuego, por lo que al llegar echaron tierra sobre las partes en llamas para apagarlas. Uno de ellos fue hasta el pueblo donde habían estado arrojando los evangelios para avisar del accidente.*

Como era un pueblo minero, tenía telégrafo y enviaron un telegrama a Torreón, desde donde se mandó otro a Durango, informando que el avión se había accidentado y que debía ser investigado.

En algún momento del día, la gente sacó los cuerpos de Jerry y Nicolás y los pusieron en la parte trasera de una camioneta para trasladarlos a Sombrerete, en Zacatecas, que era el lugar donde se llevarían a cabo los trámites legales de defunción y traslado de los cuerpos. Debido a la tremenda enemistad religiosa y al fanatismo, los cuerpos de estos dos evangélicos que habían tratado de invadir su territorio, fueron atados a dos sillas y expuestos en la plaza pública del pueblo. A la tarde, cientos de personas

---

*Jerry D. Witt, hijo. Entrevista personal con el alcalde del pueblo Las Minas Coloradas, Zacatecas, febrero de 1994.

habían pasado por la plaza para ver lo que les había pasado a esos «invasores». Escupieron sus cuerpos, se rieron, les pusieron epítetos y se burlaron de aquellos dos que murieron llevando el evangelio a esa parte de su nación. Más tarde, los cuerpos fueron llevados al cementerio para enterrarlos.

Para mí y los niños había sido un día normal. Esa mañana había tomado mi clase de español, y cuando estaba regresando a casa, pasando por la Plaza de Armas de Durango, como a las 11:30 de la mañana, sentí un fuerte dolor de cabeza. Se fue enseguida. Esa fue la hora en que luego se confirmaría que había sucedido el accidente.

Jerry tenía la costumbre de volar sobre casa cuando regresaba para que yo supiese que tenía que ir a buscarlo al aeropuerto (no teníamos teléfono). Pero aquel día, al hacerse tarde, comencé a inquietarme al no escuchar el ruido del avión. Tomé a los chicos y me dirigí al aeropuerto, pensando que no lo había escuchado pasar sobre la casa. Durante el viaje noté que había mucho viento. Cuando llegué al aeropuerto me dijeron que no tenían noticias. Después pensé que ellos probablemente ya habían recibido el telegrama, pero no me quisieron decir nada en ese momento. Es difícil de explicar; pero, en realidad, yo no esperaba a Jerry aquella noche. Pensaba que podría haber tenido un problema con el motor y que debió hacer un aterrizaje forzoso o algo por el estilo. Nunca me hubiese imaginado siquiera la verdad de lo ocurrido. A los pocos minutos de regresar a casa, sonó el timbre. Era un piloto amigo de Jerry. Entró, cerró la puerta y me dijo que me sentara. Me senté, mientras él iba y venía delante de mí.

Finalmente, me miró y me preguntó:

—¿Dónde está Jerry?

Sintiendo cierta sospecha por su pregunta, y pensando que no era asunto suyo, le contesté:

—Se fue a Los Charcos esta mañana, temprano.

—¿Tuvo noticias suyas desde que se fue? —me preguntó, mientras seguía yendo de un lado a otro.

—No —le contesté, preguntándome con asombro por qué me estaría haciendo esa pregunta.

—¿Está segura que todavía no volvió? —me preguntó sin dejar de caminar.

—Sí; estoy segura. Acabo de venir del aeropuerto y todavía no ha regresado.

A pesar de seguir caminando de un lado a otro, y de verse perturbado, ni siquiera un gramo de sospecha se asomó a mi mente. Finalmente dejó de pasearse y se paró delante de mí.

—Parece que Jerry murió esta mañana —dijo mirándome—. Creemos que su avión se estrelló en las montañas del norte de Zacatecas.

Lo miré sin poder creerle. De pronto, se me ocurrió algo.

—¿Está bromeando? —le pregunté.

Totalmente sorprendido por mi reacción, su amigo se pasó la mano por la cabeza.

—Señora; no haría una broma semejante.

—¿Y por qué cree que es Jerry? —le pregunté, sin poder creerlo.

—Yo estaba en el aeropuerto cuando llegó el telegrama con la noticia. Reconocí el número del avión, y cuando corroboré el número en la lista de aviones que habían salido esa mañana, era el mismo número que el de Jerry; y al lado estaba su nombre.

Se sentó en el sillón opuesto. Mientras yo trataba de asimilar la noticia en mi espíritu, él siguió hablando de los detalles por los cuales creía que el avión era el de Jerry.

El cable decía que el fuselaje se incendió y que la única parte del avión que quedo intacta era la cola, donde estaba el número. El cable también decía que había dos cuerpos. Uno estadounidense y otro mexicano.

—Sí; Nicolás estaba con él.

—¿Nicolás cuanto?

—Nicolás Casares —agregué—. Era amigo nuestro y estaba con Jerry en el avión.

Simplemente nos quedamos sentados. ¿Qué debía hacer? No lo sabía. El amigo de Jerry tampoco sabía qué sugerirme que hiciera. Yo todavía no lo podía creer. Y verdaderamente no sabía qué hacer. Tenía tres hijos pequeños conmigo y no podía salir de la casa para ir a hacer llamados telefónicos o ir a buscar a alguien que me ayudara en esa situación. Me quedé por unos minutos en completo estupor; necesitaba que alguien me dijese qué hacer. En ese momento llegaron Dub y Deloris Williams. Él era el amigo que había tomado la clase con Jerry aquella misma mañana. Los funcionarios del aeropuerto lo habían estado buscando y también él había venido a casa para ver si yo ya sabía lo que pasaba. Miró mi cara y presintió que era mucho más serio de lo que se hubiera imaginado. Nadie dijo nada; entró y se sentó a mi lado, susurrando

—¡Jesús..., Jesús..., Jesús...!

Dejando a Deloris a cargo de mis hijos, me llevó al hotel donde siempre hacíamos las llamadas telefónicas. A los únicos que se me ocurría llamar era a mis padres en Georgia. Mientras íbamos camino al hotel, le dije:

—Dub, no puedo creerlo. No puedo creer que Jerry esté muerto.

Él me contestó con cautela.

—Bueno, sería maravilloso si no fuera cierto.

Hasta cuando hablé con Papá por teléfono le dije: «*Ellos* dicen que Jerry ha muerto».

En mi mente estaba el pensamiento de que, años después, Jerry y yo nos reiríamos de aquel día en que todo el mundo pensaba que él estaba muerto. Cuando logré comunicarme con mi casa en Georgia, la única persona que se encontraba allí era mi hermano Butch, de 15 años; todos los demás estaban en la iglesia. Me había olvidado que era el día de la reunión de mitad de semana. La iglesia tampoco tenía teléfono, así que le dije a Butch que fuese a buscar a Papá y lo trajese a casa en 15 minutos. Yo volvería a llamar.

Butch fue corriendo el kilómetro y medio que había hasta la iglesia, interrumpió el servicio y trajo a Papá a casa. Al salir de la iglesia, dejando el servicio interrumpido, se paró delante de la congregación y les dijo:

—Tengo una llamada de emergencia de Nola. Creo que son malas noticias en relación a Jerry. Por favor, hermanos, permanezcan orando.

Al rato volvió a la iglesia.

—Verdaderamente, son malas noticias. Jerry murió. Salgo para Durango lo antes posible para ayudar a Nola con los niños.

Hasta ese momento me había encontrado en tal estupor que ni siquiera podía pensar. No podía creer que Jerry se hubiera muerto. Recién después de hablar con Papá por teléfono, y de haber escuchado que él creía lo que los funcionarios del aeropuerto decían, fue que empecé yo también a creerlo. Fue en esa cabina telefónica del vestíbulo del hotel, después de haber colgado, que comencé a llorar por primera vez. Aun así, sentía una enorme necesidad de controlar mis emociones. No quería que la gente me viera llorar y sintiera lástima de mí. Por eso, antes de volver al vestíbulo donde había dejado a Dub para que me llevara de vuelta a casa, dejé de llorar, me sequé los ojos y traté de encarar el mundo.

Pero, ¿cómo pudo haber pasado algo así? ¿Acaso no amábamos a Dios? ¡Sí! ¿No estábamos sirviendo a Dios tal como Él nos había mandado, llevando el evangelio a todo el mundo? ¡Sí! ¿Dios no nos había prometido estar con nosotros siempre? ¡Sí! Entonces, ¿por qué le pasaba algo así a alguien que amaba a Dios, que era obediente a sus mandamientos y que hacía todo lo que podía por servirlo de todas las maneras posibles? ¿Cómo era posible que esa persona muriese tan joven, cuando tenía tanto para dar? ¿Cómo podía un Dios amante quitárselo a su esposa y sus hijos pequeños, esos pequeñitos que necesitaban a su papá? Eran niños de tan sólo cuatro y dos años, ¡y uno de siete meses! ¿Cómo podía ser cierto? No lo sabía. Para mí, no tenía ningún sentido.

La única llamada que yo había hecho acerca del accidente, tanto en México como en los Estados Unidos, fue a mi padre, pero de alguna manera la noticia comenzó a esparcirse como reguero de pólvora. Unos amigos habían asistido al Ballet Polaco, que estaba haciendo su presentación esa noche en Durango. Cuando el primer acto recién comenzaba, alguien les susurró:

—¿Escucharon lo sucedido con Jerry Witt?

—No —respondieron.—¿Qué le pasó a Jerry?

La respuesta no se hizo esperar:

—Ha muerto esta mañana en su avioneta.

Esa pareja amiga apenas pudo esperar al primer intervalo para salir y llegar a nuestra casa, queriendo vernos a mí y a los niños.

En un par de horas la casa estaba llena con amigos que habían venido, para ayudar en lo que fuera posible. Tres de ellos, Max, Dub y Dan salieron esa misma noche en la camioneta de Dub hacia el área de la catástrofe, para ver qué se podía hacer para regresar con los cuerpos a Durango, para el entierro. Puesto que Max era minero, conocía dónde estaba localizada la aldea Las Minas Coloradas, lo que hizo posible conducirlos directamente al sitio del accidente.

Antes de salir, Max me llevó aparte y me preguntó si tenía alguna instrucción o requerimiento especial sobre el cuerpo de Jerry.

—Sí —dije—. La única cosa que deseo es que te asegures qué

sucede realmente con Jerry. Y si todo esto es cierto, por favor, tráeme de regreso su anillo de matrimonio. Tiene las iniciales y la fecha grabada en su interior.

Los tres hombres condujeron varias horas durante aquella noche para localizar, finalmente, el punto exacto donde había ocurrido la caída, en las montañas al norte de Zacatecas. Fueron guiados por el fuego que había encendido un guardia que había sido dejado allí para guardar el lugar. Bajando del vehículo, los rayos de sus linternas fueron penetrando la noche, hasta un lugar a unos cinco metros del camino en el cual se habían detenido. De algunas partes de los restos aún salía humo. Una de las alas estaba recostada contra un pino. Sin embargo, salvo la cola del avión, el resto había sido despedazado en la explosión. La llave de contacto estaba en la posición de «apagado».*

El número de identificación estaba intacto, y cualquier idea que ellos hubieran tenido acerca de que, tal vez, no había sido Jerry quien hubiera tenido el accidente, quedó desbaratada cuando vieron el número. Era, ciertamente, el avión de Jerry. Y era obvio que ambos, Jerry y Nicolás, habían muerto.

El guardia les dijo que los cuerpos habían sido llevados a Sombrerete. Dando la vuelta y regresando montaña abajo por el mismo camino por el que habían subido, Max, Dub y Dan terminaron en el pequeño pueblecito de Sombrerete, a eso de las 2:00 de la madrugada. Se registraron en un hotel frente a la plaza central y trataron de descansar.

No obstante, no pudieron dormir. Uno tras otro fue contando anécdotas acerca de cosas que Jerry había dicho y hecho, algunas de las cuales eran graciosas.

Dan dijo:

—La última vez que vi a Jerry fue precisamente hace unos pocos días, cuando estaba practicando el cuarteto masculino de la escuela dominical. Ellos cantaban una canción llamada «Mi Padre Celestial ha planeado todo». Después de terminar la práctica, mientras Jerry dejaba el auditorio, dio media vuelta, levantó su mano y dijo: «Recuerden, Richard y Dan: cualquier cosa que pase, mi Padre lo tiene todo planeado.»

Por su parte, Dub relató una ocasión en que él y Jerry habían estado tirando evangelios en una villa, cuando de pronto los

---

*Dan Petker, carta personal, desde Yerington, Nevada. Enero de 1994.

sorprendió una seguidilla de «pozos de aire» verdaderamente malos. Regularmente, esos «pozos» no entrañan gran peligro, pero cuando se vuela a tan pocos metros de altura, pueden ser muy peligrosos.

—Pueden imaginar lo que pensé en ese momento... —dijo Dub—. Era mi primera vez en una avioneta como esa, mi primer viaje tirando evangelios, ¡y de pronto en medio de esos «pozos de aire»...! Debido a que Jerry debía luchar bastante para mantener el avión bajo control, ¡fueron momentos muy tensos para mí! A causa de la ansiedad, me había estado retorciendo un poco en el asiento, e inadvertidamente golpeé con el hombro el pestillo que mantenía cerrada la ventana. De pronto, no sólo estábamos luchando con los pozos de aire, sino que el avión mismo se llenó con un fuerte estruendo y un viento tremendo entró a la avioneta. ¡Pensé que estábamos muertos! Sin embargo, todo lo que había sucedido era que la ventana se había abierto cuando mi hombro tocó el pestillo, ¡y en un pequeño aeroplano ese viento entra como una tromba!

Por la carga en sus corazones, no les fue posible dormir mucho esa noche, por lo que estuvieron esperando a los oficiales antes que las oficinas fueran abiertas aquella mañana. Ya habían ido al cementerio para identificar a los cuerpos, y estaban de regreso en la oficina para hacer cualquier cosa que se les requiriera. La recepcionista le hizo saber al alcalde que esos hombres estaban allí por el accidente del americano, del día anterior, pero el hombre los ignoró completamente.

Dub estaba inquieto, pero Dan y Max guardaron su paciencia. Después de dos horas de espera, el alcalde decidió que podía ver a los americanos y averiguar qué querían. Sombrerete era uno de los pueblos donde habían sido arrojados evangelios el día anterior, por lo que cada uno sabía exactamente quién era este «gringo», quien estaba muerto, puesto afuera del cementerio. No había nada de simpatía o colaboración de parte de los oficiales. Los hombres iban y regresaban entre las diferentes oficinas a lo largo del día, y en cada lugar donde les era necesario ir, debían pagar más dinero. Dan dijo que al fin perdió la cuenta de todo lo que debieron pagar en concepto de sobornos, a fin de que les permitieran obtener todos los papeles y firmas necesarios; no obstante, fue mucho.

A las 2:00 de la tarde todo cierra absolutamente, y ningún

papel que a ellos aún les faltara podría ser conseguido antes de las 4:00, cuando las oficinas abrirían de nuevo. Durante ese tiempo, los tres hombres fueron al cementerio otra vez. Max comenzó a buscar el anillo de matrimonio de Jerry, el cual yo le había pedido que me recuperara. No encontrándolo en el cuerpo, comenzó a averiguar alrededor y descubrió que el mismo alcalde lo tenía, y que esperaba que alguien le ofreciera dinero para dárselo.

Bueno, Max estaba furioso. Él le habló al hombre:

—¡Usted me dará voluntariamente el anillo, o yo se lo sacaré de cualquier forma!

Él no quería tener que pagar otro soborno para tener de regreso el anillo; sin embargo, eso era lo que finalmente hicieron, así como tuvieron que pagar coimas por cada cosa que fue hecha aquel día.

El paisaje en el cementerio no fue agradable. Los cuerpos habían sido colocados en unas toscas cajas de madera, y habían estado en exhibición pública. No había habido ningún intento de parte de las autoridades para notificar a nadie. El alcalde había ordenado que fueran enterrados en una fosa común, sin ninguna honra fúnebre. No se les daría ninguna consideración, ni siquiera el funeral de una de las religiones cuyos líderes se hicieran presentes.

Cuando nuestros amigos llegaron al cementerio, había aproximadamente unas 2000 personas, las que se movían como un gigantesco río alrededor del cementerio.* Los rumores habían corrido de que los evangélicos que habían estado arrojando evangelios desde el aeroplano el día anterior permanecían muertos afuera del cementerio. Había muchísima gente alineada, queriendo ver los cuerpos expuestos en las cajas de madera, al punto que el tráfico en la carretera principal fue interrumpido.

Los hombres que habían ido a traer los cuerpos de regreso a Durango, vieron los restos de sus amigos puestos en exhibición ante los burdos ojos de la entretenida muchedumbre. Peleando contra las lágrimas y los sentimientos de enojo, los tres hombres fueron aun más heridos por la alegría descarada que expresaba aquella gente al ver los cuerpos carbonizados de sus amigos.**

---

*Daniel Gutiérrez, carta personal y entrevista. Tijuana, Baja California Norte, 30 de junio de 1994.

**W.W.Williams, carta personal, desde Leesville, Luisiana. Febrero de 1994.

LO INSENSATO DE DIOS

Al costado de la línea de gente, cientos de otras personas daban vueltas en una atmósfera de regocijo carnavalesco. En la escuela parroquial habían decretado asueto general, por lo que había docenas de niños alrededor. Había camiones con equipos de música, puestos para vender helados y tacos. La gente no ocultaba su euforia por lo que les había ocurrido a esos dos hombres.

Después de más viajes a las oficinas, y haciendo tratos con antipáticos oficiales, Dub, Max y Dan fueron finalmente a cargar los cuerpos de sus amigos en la parte trasera de la camioneta, y salieron para Durango.

4
Mientras tanto...

En cuanto mi padre colgó el teléfono después de haber hablado conmigo, comenzó a hacer los preparativos para viajar a México. En aquella época no había vuelos a Durango, por lo tanto llamó a un amigo en San Antonio, Texas. David Coote era el presidente del IBC y estuvo de acuerdo en encontrarse con Papá en el aeropuerto de San Antonio.

Habían pensado ir en el automóvil de Coote por carretera los 1000 km. que los separaban de Durango. No se sentían muy seguros de hacer ese largo viaje, tan tarde en la noche y sin alguien que conociera el idioma. Mientras el señor Coote sopesaba todas esas cosas en su corazón, iba caminando por el edificio de los dormitorios de varones en el IBC, y se encontró con Martín Fessler, un misionero de Monterrey. Martín estuvo de acuerdo en acompañarlos.

Cuando los hombres estaban en Sombrerete, durante todo ese día, la noche, luego la madrugada, la mañana siguiente, y en el resto del otro día, los que estábamos en Durango esperamos y esperamos largas horas sin nuevas noticias, hasta que la camioneta que traía los restos de Jerry y Nicolás regresara a Durango. Durante ese tiempo, la gente entraba y salía de nuestra casa, ofreciendo su ayuda en todo lo que se pudiera necesitar. El inspector gubernamental del aeropuerto vino con su carta de navegación. Parecía estar confundido acerca del punto exacto del accidente. Había dos ciudades en Zacatecas con el mismo nombre. ¿Podría ser que yo le pudiera señalar el lugar exacto por donde

Jerry iba a volar aquel día? Debido a que Jerry había insistido en mostrarme el sitio, pude hacerlo. Eso ahorró mucho tiempo.

Alguien se ocupó de mis niños. Yo todavía estaba como en un estupor que no me permitía entender lo que había pasado. Una cosa sí entendía, y era que los hombres en Sombrerete se estaban tomando mucho tiempo para terminar los trámites y volver a Durango. Alrededor de mediodía, Max llamó a su esposa para decirle que pensaban terminar todo alrededor de las dos de la tarde. A las 2:00 volvió a llamarla.

—¡Es que todas las oficinas están cerradas! —le dijo Max—. Parece que vamos a estar acá un poco más.

Mientras tanto, nuestros amigos trataron de hacer los arreglos para un funeral breve en Durango, antes de enterrarlo en San Antonio. Pero, ¿cómo íbamos a hacer preparativos para un funeral si ni siquiera sabíamos cuándo llegarían los cuerpos a Durango? Alrededor de las cuatro de la tarde, Max volvió a llamar.

—Da la impresión que nos van a hacer esperar un poco más —dijo—. Todavía no nos podemos ir.

A eso de las seis de la tarde hizo la última llamada.

—Ya salimos. Llegaremos en tres horas.

También hubo algunas otras llamadas telefónicas ese día. Cerca del mediodía, llamaron de Monterrey.

—Estamos en Monterrey —dijo Martín—. Llegaremos al atardecer.

Alrededor de las cuatro de la tarde llamaron de Torreón:

—Hay mucho tránsito. Llegaremos como a las diez de la noche.

Las 10:00 de la noche había sido la hora fijada para el funeral. Los dos grupos, tanto el que venía desde Sombrerete como el que venía de San Antonio, llegarían a esa hora.

Pasadas las diez comenzó a concentrarse la gente en el auditorio del Colegio McDonell, de Durango, donde se llevaría a cabo el servicio. Algunos miembros de la iglesia de México habían estado esperando todo el día junto a nosotros para tener alguna noticia del grupo de Sombrerete. Minutos antes de las diez me habían avisado que los hombres que venían de Sombrerete ya habían llegado, y que estaban preparando los cuerpos para el funeral. Dos queridas amigas mías habían ido más temprano a la funeraria en busca de dos ataúdes. Cuando llegó el momento del servicio, alguien vino a buscarme. Otra persona se quedó cuidando a mis hijos; no me acuerdo quiénes hicieron ambas cosas.

Los viajeros de San Antonio todavía no habían llegado, pero se decidió seguir adelante y comenzar con el funeral, dejando a alguien en el cruce de caminos, esperándolos para conducirlos al auditorio.

A los veinte minutos de haber comenzado, Martín Fessler entró seguido por David Coote. Detrás de ellos, titubeando en el vestíbulo, buscándome, estaba Papá. Habían llegado. Al correr a los brazos de Papá lloré por segunda vez, aunque no tanto. Todavía no sentía que pudiera relajarme y llorar de la manera en que lo necesitaba, ya que de hacerlo perdería el control por completo y le fallaría a Jerry en este momento tan importante de nuestro matrimonio. Temprano en la mañana siguiente, Max vino a casa trayendo el anillo de bodas que le había pedido que me recuperara. Max tenía un negocio de piedras, por lo que pulió y limpió el anillo de los efectos del fuego. Parecía nuevo cuando me lo dio. Esta era una prueba más que Jerry había muerto. Lenta, pero segura, la verdad estaba penetrando en mi alma.

Agradeciéndole a Max toda su ayuda, tomé el anillo y me fui al dormitorio. Esa no era aún la distancia necesaria para los oídos de quienes estaban en casa, por lo que me metí en el armario de la ropa y cerré la puerta. Con el anillo apretado fuertemente en una mano, y la manga de uno de sus abrigos deportivos en la otra, hundí la cara en la chaqueta y empecé a liberar el dolor. Sintiendo como que le estaba hablando a Jerry, clamé:

—¡Oh, Jerry! ¿Cómo pudo pasar algo así? ¿Cómo voy a vivir sin ti? ¡Jamás me volveré a casar!

Como si Jerry me estuviese escuchando, en mi mente oí su voz, diciéndome: «¡Claro que lo harás! Quiero que te vuelvas a casar. Mis hijos necesitan un padre y tú necesitas un marido, así que no hagas promesas que no vas a poder cumplir».

Aunque estaba metida en el ropero, no podía evadir las responsabilidades del día. De pronto, alguien golpeó en mi dormitorio.

—¡Nola... Nola...! ¿Estás bien?

Secándome las lágrimas y tratando de componerme, salí del cuarto haciendo un esfuerzo más por encarar el mundo.

Aquel día fue uno más de «espera». Durante todo aquel día

vino más gente ofreciendo su ayuda. De repente, una amiga de la infancia, casada con un pastor mexicano, estaba en la sala conmigo. Ni siquiera me di cuenta que estaba allí hasta que me puso los brazos alrededor, y me preguntó:

—Nola, ¿podemos ayudar en algo?

Su marido y ella habían volado desde Tepic, unos 600 km. al sur. Como vieron que todo el mundo estaba «esperando», ellos también decidieron esperar.

Joel, su marido, era la persona perfecta para contestar las preguntas que los periódicos y estaciones de radio hacían por teléfono acerca de lo ocurrido. En aquel entonces, seguía habiendo persecución hacia los evangélicos y mucha gente tenía miedo de decir abiertamente lo que Jerry y Nicolás estaban haciendo, por temor a causarle problemas a otros evangélicos. Pero, como Joel no tenía ese tipo de inhibiciones, le concedió una entrevista a un periodista de un diario local que había venido varias veces a casa, pero con el que nadie había querido hablar. Joel le contó toda la historia y al día siguiente la noticia apareció en la portada. El encabezado decía: «Los dos hombres que murieron eran ministros evangélicos.» Había una fotografía de Jerry en primera plana y una foto de la familia en una de las páginas internas, así como una foto de Nicolás y su familia.

Ese día, mi amiga Carolina Ross me llevó al banco para retirar el dinero y hacer efectivo alguno de los cheques que habían llegado. Íbamos a necesitar dinero para hacer el viaje a San Antonio. Pero en el banco me esperaba otra sorpresa. Uno de los empleados me dijo que no podía sacar el dinero de la cuenta. Aunque era una cuenta conjunta y mi firma era válida, había leído esa mañana acerca de la muerte de Jerry, por lo que la cuenta y todo lo que depositara quedaría congelado hasta el momento en que el gobierno decretara que yo era la sucesora legítima y tuviera el derecho a heredar los fondos. Yo no sabía qué hacer. Necesitaba el dinero para el viaje y necesitaba cobrar los cheques que tenía conmigo. ¿Qué podía hacer? Mientras Carolina trataba de ayudarme con ese nuevo problema, un amigo que trabajaba en el banco y había escuchado lo que pasaba, se acercó ofreciendo su ayuda. Le entregué todos los cheques, los llevó hasta la ventanilla de cobro y los cambió por efectivo sin ningún problema. Yo no hubiese conseguido el dinero sin su ayuda.

La razón por la cual estábamos esperando todavía otro día

más era que los hombres que habían vuelto de Sombrerete aún no tenían consigo toda la documentación requerida. No habían podido conseguir el certificado de defunción del médico que había hecho la autopsia. Entonces, en vez de salir a la mañana siguiente hacia San Antonio para el funeral principal y el entierro, alguien tenía que regresar a Sombrerete en busca de ese papel. Un amigo de la infancia de Jerry, Chico Howard, se ofreció para hacer ese trámite. Pensaba regresar para el mediodía, ya que había salido al alba para estar allá en cuanto abriesen la oficina. Pero, nuevamente, fue toda una odisea conseguir ese documento firmado por el médico. En cuanto llegó a Sombrerete fue directamente al consultorio del médico. A Chico le dijeron que el doctor no estaba.

—¿Cuándo viene?

—En treinta minutos.

—Bueno. Voy a desayunar algo y vuelvo. Dígale al doctor que vengo a buscar el certificado de defunción de los dos hombres que tuvieron el accidente de la avioneta.

Chico regresó a los treinta minutos. El doctor había estado, pero se había ido de nuevo.

—¿Dejó el certificado? —preguntó.

—No, señor. No hizo ningún comentario cuando le dijimos que usted había venido a buscar los papeles.

—¿Sabe dónde fue?

—Bueno, dijo que iba al restaurante a desayunar.

Chico fue al restaurante, pero el doctor no estaba. Volvió al consultorio. Le volvieron a decir que el doctor había vuelto y había salido nuevamente. Y no; no había dejado los papeles. Eso siguió así todo el día.

Finalmente, Chico se sentó en la entrada del consultorio y esperó a que el médico volviese de sus visitas por la ciudad. Estuvo sentado en ese umbral varias horas hasta que, finalmente, apareció el doctor.

Pero los papeles no estaban firmados. Chico tuvo que esperar dos horas más. El médico le dijo que había estado ocupado tratando de reunir la información necesaria para completar los documentos. El trámite para conseguir el certificado de defunción de una autopsia hecha el día anterior le llevó a Chico ¡dieciséis horas!

Volvió a Durango al atardecer. Nuestro cortejo, compuesto por el coche fúnebre, mi auto y el auto del señor Coote, finalmente pudo salir de Durango camino a San Antonio. Al principio había dos ataúdes en el coche fúnebre. Paramos en Torreón y dejamos el cuerpo de Nicolás con su familia.

******

Daniel Gutiérrez era uno de esos amigos que habían estado yendo y viniendo desde que nos enteramos de la muerte de Jerry. Había ido a Sombrerete para despedir a su amigo por última vez. Daniel pasó innumerables horas con Jerry, viajando de un pueblo a otro, y de aldea en aldea en busca de puertas abiertas para predicar el evangelio. Habían abierto juntos unas diez misiones en diferentes lugares, por lo que Daniel era la única persona que conocía exactamente qué sitios eran, así como las personas involucradas. Antes de partir para San Antonio, hablé con Daniel y le pedí que se ocupara de las misiones, que se encargara de que los servicios se llevaran a cabo como siempre, hasta que tomáramos una decisión permanente.

A pesar de mi propio cansancio, noté que Daniel estaba pálido, con sus sentimientos a flor de piel. Estaba exhausto.

—Daniel, lamento tener que pedirte que hagas estas cosas —le dije—. Pero no sé a quién pedírselo. Tú eres el único que sabe dónde están localizados esos lugares, y conoces a la gente que está a cargo. Tú eres el único que me puede ayudar en esto.

Solemnemente, asintió con la cabeza, asegurándome que se ocuparía con gusto hasta que se nombrase a otra persona. Eso significaba que tendría que hacer diez viajes a diferentes pequeños poblados todas las semanas para tener las reuniones, además de pastorear su propia iglesia en la ciudad de Durango.

Al terminar nuestra conversación, me di vuelta para contestarle a alguien algo que me estaba preguntando. Cuando volví a darme vuelta, Daniel estaba mirando hacia afuera por una ventana a los chicos que jugaban en el patio. Sin emitir un sonido ni mover un músculo, Daniel lloraba.

******

El viaje a San Antonio se realizó sin sobresaltos. En un punto cuando estábamos cruzando el desierto, por la noche, todo estaba quieto y hacía frío; sólo se escuchaba el ruido del motor. Era algo que Jerry y yo habíamos vivido muchas veces en nuestros viajes. Por un instante, estando sentada en el asiento delantero, con el bebé dormido en mis brazos, era como si Jerry y yo estuviésemos haciendo otro viaje, y yo estaba contenta. De repente, mi corazón dio un cambio al tomar consciencia de que no estaba con Jerry. Ciertamente, él se había ido. Nunca jamás volveríamos a hacer un viaje juntos.

Tuvimos que detenernos en Monterrey, donde los funcionarios del consulado estadounidense nos estaban esperando para darnos un montón de papeles que nos permitieran entrar a los Estados Unidos. En la frontera, el féretro fue trasladado a otra funeraria. El coche con el ataúd pasó la frontera en menos tiempo que nosotros, los vivos.

Ya en el lado norteamericano, otra funeraria se hizo cargo y notificó a la gente en San Antonio, quienes vendrían a buscar el cajón para tener el servicio. Nos quedamos acompañando el féretro mientras la funeraria esperaba que la gente de San Antonio llegara. Mi papá y el señor Coote querían llevarnos a San Antonio sin esperar más, para que los niños y yo descansáramos un poco. Le preguntamos a Martín si él podía quedarse acompañando el ataúd y que regresara luego con el coche fúnebre. Entonces recién en ese momento me sentí tranquila de ir. Había dejado a Jerry en manos de un amigo de confianza.

Hay algo que jamás olvidaré. Cuando el cajón que contenía el cuerpo de Jerry ingresó en la funeraria de la frontera, Jerry hijo, de cuatro años, estaba parado conmigo, tomado de mi mano, mientras observábamos todo. En un momento Jerry se soltó y se paró delante de mí, muy cerca de donde estaba entrando el féretro. Era como si hubiera sido atraído hacia el ataúd, aunque no tenía idea de lo que realmente estaba pasando.

******

Aunque la realidad se estaba asentando gradualmente en mi mente, todavía estaba cargada con la idea de que tenía un trabajo por hacer. Ese trabajo era llevar el cuerpo de Jerry de regreso a San Antonio para tener el funeral y el entierro de la manera más digna posible. Si me desmoronaba anímicamente, no sería capaz de reponerme, y eso sería el fin de mi participación. Me perdería el funeral de Jerry y faltaría así a su memoria.

Me mantuve fuerte en mis emociones, controlada. Mucha gente se sorprendió de mi entereza. Sin embargo, no era entereza; estaba como atontada por la situación. Ver ese cajón conteniendo sus preciosos restos me consumía, no obstante yo hacía lo que se suponía que era mi obligación.

Si bien personalmente había hecho una sola llamada telefónica cuando llegamos a San Antonio, la gente comenzó a venir de todas partes de los Estados Unidos y de México para el funeral. Desde el día en que Jerry había muerto, hasta el último día de su funeral y entierro, habían pasado seis días. En el viaje, dos de mis hijos estuvieron muy enfermos por causa de algún tipo de virus y mis hermanas y mi mamá se tuvieron que hacer cargo de ellos.

Mientras todo esto sucedía, los hermanos de San Antonio habían estado buscando incansablemente a los padres de Jerry. Ellos fueron localizados, finalmente, en América Central e inmediatamente emprendieron su viaje de regreso a San Antonio. Su hermano, su hermana, sus abuelos y primos, así como toda mi familia, se reunieron en San Antonio, provenientes de todas partes del continente, para estar en el funeral y el entierro.

David Coote expresó lo siguiente en el funeral:

«...Pero hay una imagen en mi mente que jamás olvidaré. Por qué Dios planifica y hace las cosas de determinada manera, es asunto suyo. Pero estoy conforme con que sea así. La primera vez que vi el ataúd no estaba solo, había otro igual al lado suyo, a la misma altura, allí en Durango aquella noche. La gente le estaba dando un servicio de despedida alrededor de las 10:00 de la noche. Al entrar, me sorprendí al ver dos cajones. Naturalmente, yo pensaba en Jerry, pero había alguien más, igualmente dedicado. Su nombre era Nicolás Cazares. Era salvo, había sido lavado en la misma sangre y había recibido el mismo Espíritu. Él, como Jerry, sabía lo que eso podía significar, pero había dejado su vida en el frente, ... y puesto que sus corazones estaban unidos en una misma y gloriosa causa —la proclamación del evangelio— de igual forma estuvieron juntos en la vida, juntos en la muerte, y juntos en aquella sala velatoria. Dios inspiró mi corazón para hacer notar eso ante aquella gente que nos acompañaba en el servicio. Ellos habían sido una

hermandad, una unión de corazones. Juntos. Ambos tenían un propósito en común. Esa unión de ambos en la vida y en la muerte era un símbolo de lo que debe ser la unión entre los misioneros y gente de todas las culturas, a fin de llevar el evangelio al mundo entero.»

Excepto por aquellos que habían vivido una experiencia similar, la gente no comprendía cuando yo les decía que las cosas que habían pasado o muchas de las cosas que se me dijeron no recordaba haberlas visto u oído. Por ejemplo, más tarde me enteré que al salir del entierro dejé parada a una gran cantidad de gente que estaba esperando en fila para darme una palabra de consuelo. Yo no las vi; ni siquiera me di cuenta de la fila.

La noche del entierro, todo el mundo comenzó a retirarse hacia la casa de los Coote, en el predio del IBC. Allí estaba la familia de Jerry, mi familia y varios amigos cercanos. Se reían y lloraban al relatarme anécdotas de cosas que Jerry había hecho.

De pronto me sentí sofocada; tenía que salir de allí. Comencé a caminar en la oscuridad del campo, y el dolor comenzó a salir. Clamé a Dios: «*¿Por qué? ¿Por qué? ¿Por qué? ¿Cómo le podía pasar algo así a alguien como Jerry, que amaba tanto a Dios? ¡No tenía sentido!*»

Me subí a una cerca de piedra que se extendía en una sección del campo y seguí derramando mi corazón delante de Dios. Me senté a llorar en esa pared y mi mamá salió a buscarme.

—Mamá, no lo entiendo. ¡Nunca entenderé cómo pudo haber ocurrido algo así!

—Lo sé —me dijo—. Tampoco yo lo entiendo, pero tenemos que aceptar la voluntad de Dios.

Sin dejar de llorar, le dije:

—Lo sé. Me niego a darle cabida al pensamiento que el enemigo le hizo esto a Jerry, así que debo aceptarlo como la voluntad de Dios; pero sigo sin entender. De todas maneras, tenía que salir de esa casa. Aunque sé que amaban a Jerry y no quieren faltarle a su memoria, no soporto que se estén riendo y haciendo chistes cuando acabamos de enterrarlo. ¡Todos se ven como que lo disfrutan mucho!

Después de charlar un rato con Mamá, me sequé las lágrimas, me compuse y regresé, tratando de enfrentar el mundo y las responsabilidades que habían sido puestas en mí. Sabía que no sería fácil, pero había que hacerlo.

5
Recogiendo los pedazos

Inmediatamente después del entierro me fui con mis hijos a Georgia. No obstante, no tenía descanso. Sentía que debía regresar a Durango. Y la gente me seguía preguntando: «¿Vuelves?»

Al principio no sabía qué hacer. En una ocasión escuché a mi papá decir que no me dejaría regresar a Durango sola con los niños. Mi primera reacción fue de alivio. Por lo menos, esa decisión había sido tomada en beneficio mío.

Sin embargo, a medida que pasaban los días, el tema regresaba a mi mente. Yo quería regresar, pero, ¿debía hacerlo? Meses antes de morir, Jerry y yo habíamos conversado de qué hacer en caso que él muriera. Hablamos acerca de lo que pasaría con la pequeña congregación que Dios estaba levantando y si yo debía volver a México en caso de que a él le pasara algo.

—A decir verdad —había dicho Jerry—, tú eres la única persona que podría mantener cada cosa en su rumbo en caso que a mí me pasara algo.

Aunque recuerdo aquella conversación, no me sentía atraída a regresar en ningún sentido. Pero aunque fuera temporalmente, tenía que volver, ya que allí permanecían nuestras pertenencias y otros asuntos, sobre los cuales había que tomar decisiones. Una semana después del entierro de Jerry, estaba planeando volver a Durango; por lo menos por un tiempo. Subconscientemente, creo que estaba buscando a Jerry, esperando un llamado telefónico o una carta. Creo que tenía la idea de que en Durango lo podría encontrar.

81

Fue difícil volver a casa. Dos amigas ya habían empacado su ropa, pero sus libros, su Biblia y sus apuntes estaban por todas partes. En vez de encontrar a Jerry, como esperaba mi subconsciente, lo que sentí fue el dolor magnificado al llegar y no encontrarlo. No sólo que ya no estaba allí, sino que sus cosas habían sido removidas.

Me estaba empezando otra vez esa pesadez. Me estaba volviendo la sensación de aturdimiento. Empecé a tomar tranquilizantes para dormir. Tenía los nervios de punta. ¿Me tendría que quedar en Durango o debiera regresar a casa? Por las noches no podía descansar tranquila, buscando una respuesta. Siempre me preguntaba a mí misma: «*¿Qué querría Jerry que hiciera?*»

Yo sabía lo que él quería que hiciera, porque me lo había dicho. Él deseaba que me quedara en Durango y continuase con la obra. Pero, ¿cómo iba a ir a vivir en un país extranjero con mis tres hijos pequeños, y hacerme cargo de todo el trabajo con los problemas que había? Mi corazón clamaba: «*Oh, Dios, ¿qué debo hacer? Yo no quiero esto. Nunca quise ser la que estuviese "a cargo".*» Todo lo que siempre he querido era ayudar a Jerry. Lo más natural para mí hubiera sido dejar México, conseguir un empleo y tratar de rehacer mi vida. Pero cada vez sentía con mayor intensidad que el Señor deseaba que permaneciera entre las ruinas de mi vida y la reconstruyera desde allí.

Estaba aplastada bajo esa carga tan pesada y gigantesca que casi no podía respirar. En sí misma, la pérdida de Jerry era abrumadora, ¡pero seguir adelante con el trabajo y la crianza de mis hijos sola me desesperaba! Mi alma sufría profundamente. Jerry era una parte muy importante en mi vida y en el trabajo, que no podía imaginar cómo el Señor pudiera esperar que viviera a través de todo esto sin él. ¿Cómo podía hacer las cosas que me pedía el Señor? No lo sabía. ¿Cómo podría vivir sin Jerry? Tampoco lo sabía. Cada vez que escuchaba el vuelo de un avión, creía que era Jerry. Cada vez que iba a un pueblo para un servicio religioso, creía que allí estaba Jerry. Todo lo que tocaba, todo lo que veía, ahí estaba Jerry. Él había planeado muchas cosas, y muchas cosas que el deseaba ahora nunca serían hechas. Era muy joven y tenía muchas promesas de Dios para su vida. «*¡Oh, Dios! ¿Cómo pudo haber pasado algo así?*»

Pero él se había ido. El Señor lo había planeado así, pero eso no me impedía quererlo y extrañarlo tanto que sufría hasta desear gritar de desesperación. Si tan sólo Jerry volviera y me dijera que «mi Padre lo planeó así»... Pero no era posible.

No sabía qué rumbo tomar, qué hacer o qué decir. Sin embargo, en mi desesperación me volví al Señor. Él era el único que podía ayudarme. Y esa misma Persona que había permitido todo aquello, era quien me acompañaba en esto.

******

En toda esta confusión y pesadilla, la presencia de Dios era muy real. Aunque Dios era el autor de este tremendo golpe en mi vida, Él trabajaba suave y amorosamente conmigo. Tenía un fuerte entendimiento de la paciencia de Dios para conmigo, a pesar de mis lágrimas y mis preguntas.

Por lo tanto, mis tres hijitos y yo fuimos a Durango para tratar de continuar el trabajo que Jerry había comenzado. Por la gracia de Dios, no bajé la vista a la frustración, el dolor y el sufrimiento que todavía había en mi camino. Dios estaba con nosotros.

******

Comenzamos a recoger los pedazos. Todavía todo era irreal, como la peor pesadilla de mi vida. Pero, al menos, empezaba a funcionar de nuevo.

El día anterior al siniestro, Jerry y yo habíamos hecho un viaje a las montañas, a uno de los pueblos donde un grupo de creyentes se habían organizado y estaban echando los cimientos para la construcción de la iglesia. La obra se había detenido con la muerte de Jerry y ahora era yo quien debía hacerme cargo de que el proyecto se moviera nuevamente, y la iglesia fuera terminada. No sabía nada de construcción, ni de precios de materiales, ni de la obra o acerca de construir un edificio como ese. No sabía lo que estaba pasando. Sin duda que el constructor de ese edificio se aprovecharía de mí por no saber nada del tema. (En realidad, ese edificio tuvo que volver a reedificarse por completo al año siguiente, puesto que el constructor, verdaderamente, se burló de mí. Durante una fuerte tormenta el techo completo se voló y las paredes eran tan débiles que se sacudían cuando le apoyábamos una escalera). Pero, estaba aprendiendo.

Otro proyecto que había quedado inconcluso debido a la muerte de Jerry, fue el edificio del colegio bíblico, en la propiedad que había adquirido en las afueras de la ciudad de Durango. En el momento de su muerte, se habían contratado hombres para despejar el terreno y tenerlo listo para iniciar la construcción. Nuevamente, mi falta de experiencia fue un gran obstáculo, pero, lentamente, iba aprendiendo.

Por ejemplo, yo no sabía que en México la ley penaba el cortar árboles sin un expreso permiso del gobierno. En este país son considerados recursos naturales, pertenencia del gobierno, y, se supone, debíamos pedir autorización para sacarlos de la propiedad. Dios debió haberme protegido en mi ignorancia, ya que despejamos unas seis hectáreas sin ningún tipo de permiso. Nadie nos delató por haber cometido este «gran» error. Después, cuando supimos que necesitábamos permiso, sacamos uno y despejamos más terreno.

Varios familiares y amigos llegaron para ayudar en el inicio de la obra. Por un tiempo, el papá de Jerry, David Witt, estuvo en Durango ayudando para que la obra comenzara. Luego, mi papá, Eugene Holder, se pasó dos meses dirigiendo a los obreros, echando cemento y poniendo ladrillos. Durante este tiempo, yo misma me involucré llevando tierra en la camioneta, la cual usarían los obreros para hacer los bloques para el edificio. Sentada en la camioneta, generalmente estudiando para alguna clase, esperaba a que los hombres llenaran la camioneta de tierra. Luego de transportarla, esperaba que la descargaran en el lugar de trabajo. ¡Me preguntaba cómo me había metido en semejante cosa! Nunca había pensado en un trabajo como aquel. Era algo que me había caído encima sin quererlo. No obstante, Dios me dio su gracia y de su fortaleza para avanzar durante aquellos meses.

Cuando Papá se fue, mi hermana y su esposo, David y Rena Pitman, se mudaron definitivamente a Durango. David se encargó de terminar la construcción de los dos primeros edificios de la escuela bíblica.

El trabajo de construcción en México es muy distinto que en los EE.UU. David tuvo infinidad de problemas y debió aprender a trabajar con las limitaciones de material existentes en la región. Hubo un sector específico del techo que David no pudo hacer bien. Intentara lo que intentase, no había forma de hacerlo bien. Durante días lidió con ese problema tratando de sacarlo adelante, hasta que, finalmente, su hijo mayor, de cinco años, un día oró: «...y Señor, ayuda a Papá a salir del valle de ese techo.»

Lentamente el edificio se terminó, y en enero de 1966 trasladamos finalmente la escuela bíblica a ese lugar. Habíamos comenzado las clases el año anterior, alquilando algunos edificios en la ciudad. Ahora estábamos en nuestra propiedad.

Además de la responsabilidad y problemas propios de la construcción, tenía la responsabilidad de los servicios en ocho pueblos diferentes, en un área de 90 km. hacia el norte y 100 km. hacia el sur de donde vivíamos. Cuando fue el accidente contábamos solamente con dos pastores nacionales, y uno de ellos había muerto con Jerry. Nos había quedado un pastor, ocho misiones y yo. Obviamente, no nos podíamos hacer cargo de todo el trabajo, por lo que un buen amigo nuestro, quien pertenecía a otra organización, fue quien nos ayudaba en las reuniones en algunos de los pueblos.

Manejando más de 1000 km. por semana, viajaba constantemente para ocuparme de las reuniones. Muchas veces, en los domingos, llegaba a manejar ocho horas sin descansar, yendo a un pueblo para el servicio matutino y terminando a la noche con una reunión en otro pueblo. Había momentos en que estaba completamente abrumada con tantos problemas y responsabilidades, pero podía sentir la presencia del Señor susurrándome: *«¡Persevera!»*

Cuando Jerry murió, yo hablaba muy poquito español. La mayoría de las veces las palabras daban vueltas en mi cabeza y no entendía lo que se hablaba. Después de su muerte, tomé un curso intensivo en la ciudad de México por medio de la embajada. También estudié con una maestra privada en Durango. Pero, lo más importante era que yo creía que el Señor me había ungido la mente y me había dado facilidad para aprender el idioma.

Durante esta época en que todo era una lucha para mí, sentimos que era hora de comenzar las clases en la escuela bíblica. Me tenía que parar frente a un grupo de jóvenes para enseñar durante treinta o cuarenta minutos y, además, contestar sus preguntas. A pesar de saber que tenía que hacerlo, cuando llegaba el momento de dar la clase estaba paralizada. Tenía miedo que se rieran de mi español (¡lo hacían!). Tenía miedo que no entendieran lo que trataba de decirles (¡y ocurría muchas veces!). Tenía miedo de hacer el ridículo (¡y lo hice!). Sin embargo, parecía que los estudiantes apreciaban mi esfuerzo, y entre mis vacilaciones y su ocasional ayuda, salimos adelante. Cuando terminó la primer clase, sentí que habíamos ganado una gran batalla. Eso duró una semana, y al terminar me sentía más libre y confiada con mi castellano. Cometí muchos errores más, pero ya no me molestaban tanto. Estaba intentándolo y el Señor me ayudaba; eso era lo importante.

Las clases continuaron y el trabajo se incrementó. Cada vez dependía más de los demás para que cuidaran de mis hijos y de mi casa, y de los mecánicos para mantener el auto andando. Cuando Jerry murió teníamos un automóvil Peugeot que estaba pensando vender en el momento del accidente. Yo no entendía absolutamente nada del mantenimiento de un auto. ¿Cuánto aire llevan las llantas? ¿Cada cuánto hay que cambiarle el aceite? ¿Engrasarlo? Por falta de conocimiento, no le cambié el aceite en un año.

Al finalizar ese año, lo llevé al mecánico para que le hicieran algunos ajustes. Le pedí que me dijese cuánto me iba a costar y cuánto se iba a demorar.

—Señora Witt, ¿cuánto hace que no le cambia el aceite?

Con mi mayor inocencia le dije:

—Más de un año. Desde la muerte de mi esposo.

—¿Y por qué no lo cambió?

—Bueno, usaba tanto aceite que pensé que se renovaba solo. Cada vez que le ponía combustible, le ponía aceite y creí que eso era suficiente.

Pero yo era rápida para aprender. Y en un buen taller me ayudaron a aprender los rudimentos del mantenimiento. Luego de una puesta a punto, el Peugeot me dio dos años más de buen servicio.

Dentro de mis responsabilidades estaba la de viajar a Estados Unidos cuando había proyectos especiales, a fin de mantener el contacto con nuestros colaboradores. El otoño siguiente a la muerte de Jerry viajé a Fénix, Arizona. Dejé a mis hijos con unos amigos que eran misioneros bautistas y volé sobre las montañas en un DC-3 de México a Arizona. Fue un viaje exitoso en todos los aspectos. Una de las cosas que me di cuenta en ese viaje fue que ya no tenía más miedo de volar. Siempre que viajaba con Jerry lo hacía con tensión y sólo por compartir la experiencia con él. Pero ahora ya no tenía temor. En este vuelo también me di cuenta que podía hablar delante de mucha gente durante treinta minutos o más sin estar petrificada. Aprendí que Dios estaba conmigo y que Él era el único que podía suplir cada una de mis necesidades en cada área de mi vida. ¡Para mí fue sorprendente que la gente respondiera a mi disertación!

En aquella época, los ciudadanos estadounidenses debían ir hasta la frontera cada seis meses para renovar sus papeles y los de sus vehículos. Durante esos tres años y medio que estuve viuda, nunca viajé sola con los chicos. Dios siempre nos mandaba a alguien que nos acompañara.

Algo que me sorprendió en aquella época fue la manera en que los pastores y hermanos mexicanos me aceptaron como líder, siendo mujer. México es famoso por su machismo. Que la gente aceptara que yo fuese su líder, era un verdadero milagro. Pero me aceptaron. Dios abrió puertas, ungió mi enseñanza y trabajó con la gente de manera maravillosa.

No mucho después de haber regresado a México con los niños, estábamos en un picnic de camaradería con otros misioneros de la zona. Uno de los hombres se me sentó enfrente y me dijo:

—Parece que Dios está tratando de decir algo con lo que pasó en Sombrerete.

Yo todavía estaba aturdida como para no captar lo que él trataba de decirme, por lo que moví la cabeza asintiendo.

Unas semanas después alguien más hizo el mismo comentario. Esta vez estaba más despejada por lo que comencé a hacer preguntas al respecto. ¿Qué quería decir Dios con lo ocurrido en Sombrerete? Sabía que hablaban de lo sucedido con los cuerpos de Jerry y Nicolás, pero no comprendía por qué ellos sentían que Dios estuviera hablando por medio de esta situación.

Al principio, mis amigos dudaban en decirme, ya que no sabían a ciencia cierta cuánto sabía yo de lo ocurrido allí. En ese momento, yo no conocía la existencia de rumores acerca de que a Jerry le habían disparado. Tampoco sabía que los habían exhibido en la plaza pública. Desconocía totalmente los problemas que había ocasionado el alcalde con los documentos para entregar los cuerpos, tampoco sabía las dificultades que los oficiales habían puesto en el camino de los hombres que estaban tratando de conseguir el certificado de defunción. No sabía nada acerca de la «discusión» que el señor Erwin había tenido con un funcionario para recuperar el anillo de bodas de Jerry. Mis amigos no me habían contado que a los alumnos de la parroquia les habían dado el día libre, y que varios cientos de personas estaban en el cementerio comprando helados, vendiendo tacos y tocando música, demostrando regocijo general por lo ocurrido con estos dos evangélicos que se habían atrevido a invadir su territorio. Ellos no me habían contado que el pueblo estaba celebrando con fiestas mientras los cuerpos de Jerry y Nicolás estaban expuestos en el cementerio, al tiempo en que nuestros amigos luchaban en la ciudad por obtener la documentación necesaria para traerlos a Durango. Mis amigos me ocultaron todas estas cosas porque sabían que era demasiado para mí en aquel momento.

Pero, empezó a llegar información de lo ocurrido en Sombrerete y tuvieron que contarme.

Hubo dos grupos que participaron en los hechos de aquella mañana de primavera de 1964. Los líderes religiosos fueron los responsables en cerrar las escuelas para que tanto maestros como alumnos pudieran ir al cementerio. Esos líderes fueron quienes pusieron los cuerpos a la vista del público. Pero la gente de la alcaldía fue quien puso los obstáculos para que no se consiguieran los papeles. Ellos fueron quienes hicieron esperar sentados a nuestros amigos durante largas horas para estampar una firma en la documentación necesaria. El alcalde del municipio fue quien causó todos estos contratiempos y quien le hizo sacar a Jerry el anillo de bodas, guardándoselo con la esperanza de poder usarlo para conseguir dinero a cambio. Él fue la persona con quien tuvieron que tratar nuestros amigos para recuperarlo. Jerry murió un miércoles a la mañana. Recién el viernes a la noche obtuvimos la documentación necesaria y reunimos los permisos solicitados para poder hacer el viaje a San Antonio. Debido a la distancia que tenían que hacer los padres de Jerry y otras personas que venían al funeral, el entierro de Jerry se hizo recién el martes, luego del funeral. El sábado de esa semana, antes de llegar a San Antonio, el líder religioso más importante que había ordenado que los cuerpos estuviesen expuestos en la plaza pública, murió junto a dos amigos cuando la camioneta en la que viajaban chocó en una carretera cerca de Sombrerete. ¡Enterraron a los tres antes que Jerry fuese enterrado! Dos semanas después de ese sábado en que murieron estas tres personas en el accidente, el alcalde una mañana se enfermó gravemente y lo llevaron al hospital de Durango para un tratamiento. Esa misma noche lo llevaron de vuelta en un ataúd. Había muerto de una misteriosa enfermedad. No cuento estas cosas con ningún sentimiento de venganza o ira; las relato, sencillamente, como hechos sucedidos en aquella tumultuosa primavera y verano de nuestra vida. Ni siquiera sentí el deseo de «hacérselas pagar» a esta gente por lo que habían hecho con Jerry y Nicolás. Durante todo el tiempo la presencia de Dios fue tan real que hubiera sido imposible intentar hacer algo para vengarme por lo ocurrido. A decir verdad, a consecuencia de estos acontecimientos, se enviaron más misioneros a la zona, y como resultado hoy en día hay una mayor cantidad de iglesias evangélicas.

La información que mis amigos habían estado cuidando para que yo no supiese, llegó a ser parte del proceso de confiar en Dios en todas las cosas y bregar con ellas.

De a poco todos nos fuimos ajustando, pero lo más traumático fue el ajuste que tuvimos que hacer los niños y yo. Mucha gente creía que porque los chicos eran pequeños, la muerte de su papá no los afectaba; pero eso no era verdad. Felipe, el bebé, tenía solo siete meses cuando ocurrió el accidente, y parecía el menos afectado de todos, pero con el correr de los años nos dimos cuenta que había cierta inseguridad en él, cosa que no ocurría con sus hermanos y eso era debido a la pérdida de su papá a tan temprana edad. Siempre tenía miedo cuando lo dejaba. Cuando tenía que hacer un viaje a la ciudad o dejarlo pocas horas, no había problema, pero cuando lo tenía que dejar con amigos por razones de trabajo, se ponía muy nervioso. Los acontecimientos de aquella primavera lo dejaron muy temeroso, y él mismo no sabía el motivo.

A los dos años, Felipe tuvo amigdalitis. No podía comer y tenía una fiebre altísima. Un amigo de la familia estaba de visita y le pedí que ungiera a Felipe con aceite y que orara por él. Joel lo hizo, y cuando terminó de orar, Felipe lo miró y le preguntó:

—¿Eres mi papá?

—No, bebé —le contestó Joel, acariciándole su cabello rubio y ondulado—. Tu papá está con Jesús.

Se quedó mirando a Joel un instante, luego dio vuelta la cabeza, la apoyó sobre mi hombro y se quedó dormido. Los dos mayores manifestaron su reacción de manera más evidente. Marcos tenía dos años cuando Jerry murió, y la gente pensaba que no lo afectaría demasiado, pero algunas semanas después del accidente mi madre descubrió que cuando Marcos veía a alguien llorando por cualquier razón, él también soltaba el llanto. Hasta si estaba viendo algo por televisión, lloraba con los personajes. En una ocasión en que sucedió eso, Mama lo abrazó y lo levantó en brazos mientras le preguntaba:

—Marcos, ¿qué pasó? ¿Qué ha pasado?

Levantando su carita llena de lágrimas, señaló a alguien que estaba llorando y dijo:

—¡Su papá también se fue a la casa de Jesús!

Cuando Jerry murió, llevé aparte al pequeño Jerry y le expliqué lo ocurrido lo mejor que pude. Le había dicho que su papá se había ido a vivir a la casa de Jesús, y que cuando alguien va a vivir a la casa de Jesús, nunca más vuelve para vivir con nosotros. Por eso, su papá nunca iba a volver a vivir con nosotros. Evidentemente, el pequeño Jerry interpretó que la casa de Jesús era la iglesia, porque la primera vez que volvimos allí, me dijo que había estado buscando a su papá en la casa de Jesús pero que no lo había encontrado.

Mi papá creía que era demasiado para que el pequeño Jerry supiera que su papá jamás volvería, pero en nuestro tiempo aún en Georgia antes de retornar a México, sucedió algo que le hizo entender que era mejor que el niño supiese que su papá no volvería nunca.

Esto es lo que pasó. Una de mis hermanas había venido a casa de mis padres para llevarme de compras. Mamá, ella y yo salimos. Mis hermanos menores y mis hermanas estaban abajo con mis hijos mirando televisión, por lo que salimos sin avisarles que me iba. Papá estaba en casa con los niños y me contó que, al rato de habernos ido, escuchó a Jerry gritando:

—¡No! ¡No! ¡No!

Subió corriendo las escaleras y encontró al pequeño Jerry sentado en el suelo, con la cabeza entre las manos, hamacándose de atrás para adelante y llorando en plena histeria.

—Jerry, Jerry. ¿Qué te pasa?

Llorando desconsoladamente, levantó la carita y le dijo:

—¡Mamá también se fue a la casa de Jesús!

Abrazando al pequeño Jerry, Papá le dijo:

—No, Jerry. Mami no fue a la casa de Jesús. Salió de compras con «Abu» y la tía, y volverá dentro de un rato.

El pequeño Jerry le creyó, por lo que al regresar yo, él se había calmado y estaba abajo jugando con los otros niños.

Tal como lo mencioné más atrás, cada vez que Jerry salía de la ciudad en sus viajes con el avión, al regresar sobrevolaba sobre la casa para avisarme que lo fuera a recoger al aeropuerto. Los niños siempre se excitaban cuando llegaba ese momento, y venían contentos conmigo a buscar a su papá. Varios meses después de haber vuelto a México, Marcos y Jerry salían corriendo afuera cada vez que escuchaban un avión sobrevolando nuestra casa.

Cierto día el pequeño Jerry y yo estábamos afuera, cuando vimos un avión volando a poca altura sobre casa. Mirando hacia el cielo y con su carita de cuatro años resplandeciente, exclamó:

—¡Mami! ¡Mami! ¡Al fin Papi volvió, después de tanto tiempo! ¿Viste?

Tanto los chicos como yo extrañábamos a Jerry y a su avión. Había cierta emoción contagiosa en relación al avión; y eso duró bastante tiempo. Muchos años después, nuestro hijo Jerry, siendo adulto y habiendo sacado su licencia de piloto, estaba volando en su propio avión a Durango por primera vez. Lo esperábamos aquella tarde y habíamos quedado en que sobrevolaría la casa, para avisarnos que había llegado. Cuando lo hizo, hubo mucha emoción y salté a la camioneta para dirigirme al aeropuerto a recogerlo. De pronto me di cuenta que era la misma emoción que habíamos vivido todos aquellos años antes, cuando Jerry volvía de sus vuelos y todos salíamos a buscarlo. Fue algo muy emocionante para mí, y por primera vez en más de veinte años, lloré aquella pérdida.

Durante el año que siguió al accidente, el pequeño Jerry hablaba de su papá. La piedra de dedicación de la escuela bíblica estuvo unos días en casa antes de llevarla para la reunión inaugural. El pequeño Jerry se sentaba delante de la piedra y le hablaba como si estuviese hablando con su papá.

—Papi, sé que estás en la casa de Jesús y sé que no vas a volver nunca más, pero me gustaría que estuvieras aquí conmigo. ¡Te extraño tanto...!

Tenía la misma lucha que yo. Llevaba tiempo entender emocionalmente que Jerry no volvería jamás. Más de un año después de su muerte, un día en que estaba sentado comiendo, el pequeño Jerry dijo sorpresivamente:

—Me gustaría que Papá volviera.

Luego, meneando la cabeza, dijo con tristeza:

—Pero no lo hará...

A mediados de ese año, el médico me había dicho que los niños y el trabajo eran lo que me hacía seguir adelante. Ellos me permitían dedicar mi energía física, emocional y espiritual. Era algo que me importaba. Por supuesto, estaba sobrecargada de trabajo; pero ese trabajo y mi interés en él era lo que necesitaba. Manejaba más de 1500 km. por semana para encargarme de varios servicios religiosos, enseñar la Biblia, supervisar un par de construcciones y tratar de ser la mamá de tres varoncitos. Había momentos en los que estaba tan exhausta que ni me daba cuenta lo que pasaba. En varias ocasiones, me metí de contramano sin darme cuenta, y me llevaba unos cuantos minutos tomar consciencia de dónde estaba. Mis nervios estaban mal, y empecé a tomar tranquilizantes de nuevo para poder dormir de noche, porque sin descanso no podría funcionar al día siguiente.

Pero, en todo esto, Dios era muy real. Durante este tiempo comencé a escribir canciones por primera vez en mi vida. Una de ellas, *Ilimitado,** está basada en el último sermón que predicó Jerry en inglés.

Yo seguía sin comprender la muerte de Jerry pero aceptaba que esa fuera su voluntad. Mi mente finita jamas lo entendería completamente. Había muchas veces cuando parecía que el Señor me había dado su especial atención.

Durante todo el tiempo en que estuvimos solos, Dios siempre me ponía alguien en Durango para que me ayudara con los niños y me animara a seguir adelante. Una de esas jóvenes fue Ruthie Fried. Un día en que Dios había vuelto a mostrarnos su misericordia nuevamente, Ruthie me dijo:

—Dios dedica tanto tiempo para cuidarte ¡que no sé si le queda tiempo para ocuparse de los demás!

Había hablado en broma, por supuesto, pero era cierto que Dios sí se ocupaba de nosotros. Mi alma había comenzado a aceptar el hecho que la obra en México era verdaderamente la voluntad de Dios para mí. En uno de mis viajes a la ciudad para una clase de castellano, regresaba a Durango un atardecer en el

---

*«Sin límite, incondicional; todo entrego.
Ese es el plan de Dios para mí.
»Te amo y te entrego todo lo que me pides,
en dedicación, Señor, a ti.»

autobús. El sol se escondía entre las montañas y recuerdo mirar la ciudad que se extendía delante de mí, y con el corazón rebozando de júbilo exclamar: «¡Qué bueno que vuelvo!»

No tenía ninguna duda dónde Dios me quería. Era difícil, pero estaba satisfecha con el sitio al cual Dios me había mandado.

6

¡Así es la vida!

Desde ya, el hecho de estar convencida de saber que ese era el lugar donde Dios me quería, no acabó de por sí con los problemas ni con las responsabilidades que se estaban acumulando. Mucha gente había venido a trabajar voluntariamente, pero, aparentemente, nadie quería quedarse en forma permanente. Un día en el que literalmente estaba postrada en el suelo, clamando para que Dios me enviara ayuda, la campana de la puerta sonó.

Mi suegra, Reba, estaba con nosotros y ella abrió la puerta. Era un joven llamado Lupe Hernández, quien había venido desde California para hablar conmigo sobre la posibilidad de mudarse con su familia y colaborar en la obra. ¡Era la respuesta directa a la oración que estaba haciendo cuando yacía con el rostro en tierra!

Lupe se trasladó a Durango con su familia por un año y ayudó con el trabajo. También vinieron otras personas, pero la mayoría lo hacían sólo por unas semanas o por pocos meses, hasta que mi hermana y su marido, David y Rena Pitman, vinieron y se quedaron varios años.

A pesar de toda la ayuda, la decisión y la responsabilidad finales eran mías. Por ejemplo, uno de los empleados que había estado varios meses con nosotros, fue con la camioneta a uno de los pueblos de la montaña para tener una reunión, un domingo a la mañana. Volviendo a Durango, se le reventó una rueda. Esa misma noche él estaba camino a otra reunión y había malogrado otra. Al llevarlas a arreglar al día siguiente, me enteré que no

95

servían para nada. Habían seguido andando aun cuando ya se habían pinchado, por lo que su interior estaban, en los términos del empleado del taller, «como goma de mascar». En un día había perdido dos llantas, y no tenía dinero ni para comprar una; mucho menos, dos. Por eso, la camioneta quedó estacionada en la puerta de mi casa en las tres ruedas que le quedaban y el «gato»* en la cuarta hasta que las finanzas me permitieran comprar las ruedas que faltaban.

También las responsabilidades financieras eran mías, y estas eran tremendas. No sólo debía cubrir las necesidades de mis hijos y las mías, sino que además tenía que distribuir el dinero para alimentar y hospedar a los estudiantes de la escuela bíblica, para los proyectos de construcción y para el sostén de los pastores y sus familias. Debido a que no estábamos bajo ninguna organización que asegurara nuestro sustento, nunca sabíamos cuál sería la entrada para los gastos del mes. Algunas iglesias hacían promesas específicas y sabíamos que contábamos con esa entrada segura. Pero mucha de la ayuda recibida provenía de ofrendas inesperadas de diferentes lugares, por lo que nunca sabíamos cuánto sería.

En una ocasión, el dinero se habían agotado por completo. Aunque normalmente no compartía ninguno de estos problemas con los cristianos mexicanos, en esta ocasión tuve que ir a la escuela bíblica y decirle a los estudiantes y a los hermanos mexicanos que estaban ayudando que ya no había comida, ni dinero.

—Me parece que vamos a tener que suspender las clases —les dije.

La respuesta fue tan alentadora que me sentí muy animada. Los hermanos a cargo de los estudiantes dijeron:

—Haremos todo lo que sea necesario. Si usted quiere, vamos a vender naranjas a la calle, para conseguir dinero para continuar.

—¡Sí! ¡Eso! —gritaban los estudiantes, más entusiasmados por la aventura que por cualquier otra cosa.

—Bueno; oren y manténganse firmes —les dije—, y veremos lo que Dios hace.

Al día siguiente entró dinero y pudimos continuar.

---

*Aparato mecánico que se usa para levantar los automóviles, permitiendo el cambio de las ruedas. También conocido como *elevador*, *criquet*, *jack* y otros vocablos.

Muchas veces no teníamos comida en casa, entonces devolvíamos los envases de leche o Coca Cola, y usábamos en alimentos el depósito que habíamos dado para esos envases. Otras veces le vendíamos a alguien las llantas usadas o viejas a alguna persona que se dedicaba a recaparlas, y así teníamos dinero para cubrir las necesidades de la casa. En otras oportunidades comíamos durante semanas lo mínimo indispensable porque las entradas eran escasas. En un ocasión en que Papá estaba en Durango, trabajando en la construcción del edificio de la escuela bíblica, comimos sopa de papas durante varios días.

Pero no nos quejábamos. Para algunos pudiera haber resultado exagerado tener que vender botellas para poder comer, pero yo estaba agradecida de tener esas botellas cuando las necesitábamos. A pesar de tomar sopa de papas durante varios días, ¡teníamos sopa de papa! Nadie sufrió realmente por eso; Dios siempre fue fiel. Cuando parecía que todo se acababa y no tendríamos nada, Dios nos suplía. Vez tras vez, Dios demostró su soberanía, proveyendo exactamente lo que necesitábamos en el momento que lo precisábamos. Ni un minuto antes de necesitarlo, sino en el momento preciso. Uno de mis profesores siempre decía: «Dios nunca está apurado, pero siempre llega a tiempo». Descubrimos que era verdad; Jesús nunca falla.

La mayoría de mis viajes a los pueblos para tener las reuniones los hacía en una camioneta Chevrolet. Un domingo a la mañana comencé a las 8:30, recogiendo gente para llevarla a un servicio de bautismo que teníamos previsto a unos 45 km. de Durango. En México, siempre que es posible, los cristianos hacen un gran evento después del bautismo. Primero se lleva a cabo el servicio con quienes desean bautizarse. Luego sigue el tiempo de comida y compañerismo; todos traen su almuerzo y lo comparten con los amigos. Se hacen hogueras para cocinar legumbres y tortillas al carbón. Generalmente es un buen tiempo de compañerismo y, a veces, también hay juegos. Algunas iglesias planifican ese tipo de reuniones juntas. Ese era el tipo de reuniones que íbamos a ofrecer ese domingo en particular, cuando salí de casa pasadas las 8:30.

Después de un viaje de cuatro horas y media, a la 1:00 de la tarde ya había recogido a todo el mundo, y estábamos listos para dar inicio al servicio. Uno de los pastores mexicanos hizo el bautismo; ese era siempre un momento de regocijo para los cristianos nativos. Para ellos el bautismo es el paso final, significa romper con su vida pasada. Después de la reunión, la comida y los juegos, alrededor de las 3 de la tarde volví a desandar el camino, dejando a cada uno en su casa. Ese domingo manejé la camioneta haciendo un recorrido de 450 Km. y el radiador perdía tanto que tuvimos que ponerle agua en tres o cuatro ocasiones, antes de llegar a casa a las 8:30 de la noche. El día anterior había cargado en ella cemento para la construcción y fue ahí que el radiador había comenzado a hervir echando vapor. Eso fue antes que aprendiera un poquito más acerca de automóviles, por lo que en ese momento no tenía idea de lo que pasaba. Unos amigos me vieron parada al costado del camino y pararon; se dieron cuenta que el radiador estaba completamente seco. Había que arreglar la camioneta inmediatamente, pero con ese enorme bautismo al día siguiente y toda esa gente que esperaba que yo la fuese a buscar, le pedí al Señor que me ayudara aquel día. ¡Y lo hizo! Manejé todos esos kilómetros aquel domingo con el radiador perdiendo agua durante todo el camino.

De todos modos, la pérdida del radiador era lo que menos me preocupaba aquel día. Se deterioraron los frenos y se perdió el fluido. Los últimos 45 km. de viaje los hice sin nada de frenos. ¿Cómo crucé las intersecciones sin tener ningún accidente? ¡Sólo Dios lo sabe! Usando la palanca de cambios como frenos, y así llegué a casa, sana y salva.

Al día siguiente llevé el vehículo al mecánico y ahí me enteré que el sistema de frenos estaba aplastado bajo la caja de carga de la camioneta. Realmente, no pensábamos que íbamos a tener tal problema, aunque debo reconocer que en algún momento el pensamiento se cruzó por mi mente. Después del viaje del domingo, los frenos se hubiesen descompuesto de vez en cuando y los hubiéramos arreglado sin saber exactamente cuál era el problema. Un día, fuera de los linderos de la escuela bíblica, cargando tierra para la obra, los frenos empezaron de nuevo a perder fuerza. Uno de los hombres miró debajo de la camioneta y dijo que se había roto el sistema y que estaba perdiendo líquido. Esto pasó una y otra vez, pero nunca nos habíamos percatado de cuál era el problema.

Una noche en que volvía tarde a casa, de un pueblo como a 80 km. al sur de Durango, los frenos se descompusieron por completo. Mis hijos estaban en casa con una niñera, y si yo no regresaba a casa esa noche, la muchacha que los cuidaba se hubiera asustado terriblemente. Después de orar, decidí continuar manejando de regreso a casa. Era un viaje de 80 km., en una ruta de montaña, con curvas peligrosas. Generalmente hay mucho tránsito debido a que es la ruta de acceso a la ciudad de México, con ganado cruzando la ruta descontroladamente. Y lo que realmente lo hace interesante es que estabamos viajando de noche.

Le pedí al Señor que despejara el camino delante mío y partimos del pueblo camino a Durango. Manejando a unos 30 km. por hora, me llevó casi tres horas recorrer los 80 km., pero no encontramos ni un vehículo o una vaca o caballo en todo el camino. ¡Eso era un milagro! ¡No ver una vaca era, probablemente, un mayor milagro! Al entrar en Durango había un cruce importante de dos rutas principales, especialmente peligroso, pero no había nada a la vista. Manejé desde la iglesia en el pueblo vecino hasta el estacionamiento delante de casa, ¡sin tener que parar una sola vez! Frenando con la caja de velocidades, detuvimos el vehículo y le di gracias a Dios por su protección.

Pero no habíamos terminado con esos frenos todavía.

En cierta ocasión, una clase del colegio bíblico vino a Durango para visitarnos y trabajar. Mi hermano Buddy, era estudiante de esa clase, por lo que fue el guía y lo pasamos muy bien. Estuvieron algunos días en Durango haciendo investigaciones y visitando algunas de las misiones en algunos de los pueblos. El último domingo de su visita fuimos a un pueblo en lo alto de la montaña para ir a la iglesia que estaba en construcción, poco después de la muerte de Jerry. Teníamos que hacer el viaje en la camioneta porque el autobús en el que ellos habían venido no podía ascender el camino de montaña o meterse en el río que debíamos vadear.

Subimos todos a la camioneta; éramos dieciocho. Partimos con mi cuñado David Pitman al volante. El camino de ascenso fue fácil. En una sola ocasión la camioneta se sacudió en una de las muchas curvas de la rocosa carretera. Después de la reunión comenzamos a regresar a Durango. David me preguntó si yo quería manejar, porque él estaba un poco cansado, pero no sentí que yo debía hacerlo y él condujo de vuelta. ¡Esa fue la mano de Dios! David me dijo después que había sentido los frenos flojos cuando ascendíamos la montaña, pero no estaba seguro; pensó que aguantarían hasta que llegáramos a casa.

Sentada en la parte posterior con los demás, vi que nos acercábamos al lugar donde había que tomar un sendero para vadear el río, pero David no frenaba. De pronto, pegamos una curva y nos metimos en el sendero. La camioneta iba demasiado rápido y me di cuenta que algo andaba mal. ¡Todo pasó muy rápido! No pudiendo ver lo que sucedía adelante, no sabía qué esperar. David volvió a doblar rápidamente y, de pronto, estábamos en el río ...¡pero no en el vado! Luego David contó que al acercarse a la curva, quiso frenar, pero estos no funcionaban. Sabiendo que el camino seguía hacia una caída de unos treinta metros hacia el río, pensó que, de alguna manera, tenía que llevar el vehículo hacia el vado y el agua lo detendría. Pero al doblar por ese sendero que llevaba hacia allí, ¡había una gran carreta cargada con repollos, y tirada por cuatro mulas, en medio del camino, obstruyendo el paso! Dando otro rápido giro y siguiendo en dirección al río, la camioneta le pasó raspando a un enorme árbol y se deslizó por una pendiente resbaladiza, casi como si fuera una rampa preparada para nosotros, directamente hacia el río. La camioneta se metió en el agua lodosa de nariz, mas, ¡se detuvo!

Quienes venían en la cabina lo vieron todo, pero los que veníamos atrás ¡solo sabíamos que estábamos en el río! Cuando el vehículo se detuvo, la cabina empezó inmediatamente a llenarse de agua. David no pudo abrir la puerta debido a que estábamos en aguas muy profundas, pero bajó la ventanilla y salió por ella. Una de las jóvenes estaba tan confundida y aterrorizada que no supo para donde ir, y en vez de dirigirse hacia atrás y subir a tierra, por donde veníamos, ¡comenzó a nadar hacia la otra orilla!

—¡Eh! ¡Lana! —le gritó David—. ¡Para el otro lado!

Algunos hermanos que venían con David en la cabina, nadaron alrededor para cerciorarse que todos estuviesen bien y, milagro de milagros ¡todos estábamos bien!

Todos alabamos a Dios ahí mismo. Con dieciocho personas en la parte posterior de la camioneta en una situación potencialmente trágica, solamente hubo un pulgar quebrado. Ni un corte, ni una herida; nada. Solo algunos golpes y un dedo quebrado. ¡Verdaderamente, Dios había sido fiel aquel día!

Aun en medio de aquella caótica y engorrosa situación, hubo humor. Al ver que todos estábamos bien, David y alguno de los jóvenes empezaron a ayudar a las jóvenes a salir de la camioneta y llevarlas a la orilla, evitando así que tuvieran que meterse en el barro hasta la cintura. Hacían una silla con los brazos y las iban sacando. Todos los muchachos, excepto uno, habían salido por sus propios medios y estaban ayudando al resto a llegar a la orilla. El joven que todavía permanecía en la camioneta se acababa de comprar un par de botas caras, y no solo que no se iba a mojar las botas ayudando a sacar a las muchachas, sino que se quedó en el fondo de la camioneta hasta que todos hubiesen salido y luego les pidió a un par de muchachos que lo sacaran a él también. ¡El joven, que medía más de 1,80 m, quiso que lo sacaran en sillita como a las muchachas! Los dos muchachos a quienes les pidió que lo sacaran fue a mi hermano Buddy y a su compañero de cuarto.

Ninguno de los que estábamos en la orilla sabía lo que estaba pasando, pero Buddy y su compañero hicieron un trato. Todos estaban un poco molestos por la actitud de este joven, quien siendo grande y fuerte esperaba que lo cargaran en brazos cuando todos los demás habían salido por sus propios medios y hasta habían ayudado a salir a los demás. ¿Por qué no se sacaba las botas? No sé. Buddy y el otro muchacho le hicieron la «sillita», lo llevaron al medio del río —tal como habían acordado previamente—, y gritaron: «¡Ahora!» Con ese grito, se soltaron y dejaron caer al agua al pobre muchacho en medio del río. Todos se reían divertidos. Fue un incidente más que hizo que jamás olvidáramos aquella tarde.

La camioneta estaba seriamente dañada. El motor debería ser completamente desarmado y reconstruido, así como otras partes del vehículo, pero Dios fue fiel. Nunca descubrimos lo que ocasionaba la rotura de los frenos. Pudo haber sido sabotaje, pero no estábamos seguros. Todavía sigo sin saber qué fue, pero Dios nos protegió en todo momento.

Los días seguían siendo difíciles, largos y llenos de trabajo. Algunos domingos debía manejar desde las 8:00 de la mañana, y hasta las 10:00 de la noche. Era otro viaje a ese mismo pueblo de la montaña para el servicio matutino, al doblar en una de las curvas, nos encontramos con otro camión de nuestra mano, que venía a alta velocidad. Afortunadamente, también era un buen conductor y maniobró para controlar el vehículo, evitando lo que pudo haber sido una choque de frente. Pero aun así nos embistió y nos tiró a un costado de la montaña, dañando el frente de nuestro vehículo. Aun así, Dios estaba con nosotros otra vez.

En aquellos años en que viví en México siendo viuda (tres años y medio), a pesar de manejar normalmente 1600 Km. por semana, nunca tuve que cambiar una llanta pinchada. Parecía como que las ruedas decidiesen pincharse cuando yo estaba acompañada y otro pudiera cambiarlas.* Pero durante todo el tiempo que estuve sola, o durante el año cuando vivió con nosotros una joven, nunca tuve un desperfecto mecánico que me dejase parada en la carretera.

Como dije, nunca supimos si la falla de los frenos fue sabotaje, pero de otras cosas no había dudas. Un domingo a la noche decidí asistir a las reuniones de una pequeña iglesia en Durango en vez de manejar a uno de los pueblos, ya que Felipe estaba enfermo y yo no quería ir tan lejos. Cuando salimos de la iglesia, la ventanilla trasera de mi auto estaba rota. Los mismos muchachos que había estado arrojando piedras al techo de la iglesia, le habían tirado una piedra a la ventanilla.

En otra ocasión habíamos viajado para asistir a una reunión en un pueblo, como a 100 km. de distancia al norte de Durango. Alguien nos dañó una llanta. Estaba totalmente arruinada y debía ser cambiada. Era de noche, en un pueblo donde no había electricidad, por lo que estaba todo oscuro. Bien preparada, como de costumbre, ni siquiera tenía una linterna conmigo. Cuando los hombres que estaban conmigo comenzaron a cambiar la rueda, el aparato para levantar el vehículo no funcionó. Finalmente, usando el «gato» que nos prestó un vecino, pudieron levantarlo. Entonces, fue la herramienta para sacar las tuercas la que no giraba, y no pudieron sacarlas. Los dos hombres, literalmente, se tiraron al suelo, muertos de risa, pero al fin la cambiaron. Sin duda que tenemos un récord en cambiar ruedas, pero, al menos, pudimos reírnos.

Sin embargo, algunas cosas nos sacaron lágrimas y no risas. Una epidemia de ántrax azotó el estado de Durango el mismo año de la muerte de Jerry, y entre los que se enfermaron estaba una enfermera de Canadá, llamada Elizabeth Petkou. Era una joven misionera que trabajaba en un pequeño pueblo de nuestra zona. Había estudiado enfermería, ido a la escuela bíblica y estudiado un año de idiomas. Todo eso lo había hecho para poder ir

---

*Lo interesante de esto es que después de casarme con Frank, íbamos de luna de miel por la costa de México y tuvimos este tipo de inconvenientes en tres ocasiones.

a México como misionera. En menos de un año de haber llegado, Elizabeth se enfermó de ántrax. No paso una semana que murió; solo unos días después de haberla conocido. Su deseo era que la enterraran en el pequeño pueblo donde había trabajado. No obstante, debido a la naturaleza de la muerte, las autoridades sanitarias no permitieron que su cuerpo fuese sacado de los límites de la ciudad. La enterraron en la ciudad de Durango antes que su familia pudiera llegar siquiera al funeral.

Otra cosa de la cual no pudimos reírnos fue el día en que uno de los jóvenes que trabajaba en la construcción de la escuela bíblica, se cayó del techo en construcción al quebrarse una viga que pisó. Cayó de una altura de tres metros, y dio de cabeza contra el piso de cemento. Entró en convulsiones antes de quedar totalmente inconsciente. David lo puso en la camioneta y salió para la ciudad, parando en casa de camino al hospital para informarme lo ocurrido. Ya para entonces, el joven estaba recobrando el conocimiento, pero estaba completamente perdido. Yendo en mi Peugeot detrás de la camioneta, oré: «Señor; no permitas que sea nada serio. Señor; no permitas que haya daño cerebral. Señor, tú conoces la situación. Sana a este muchacho en el nombre de Jesús».

Y el Señor lo sanó. Luego de pasar un par de días en el hospital, atendido por dos médicos que le hicieron toda clase de exámenes, le dijeron que no tenía nada malo; estaba completamente bien. Volvió a trabajar hasta que la obra de la escuela bíblica se terminó. Dios había sido fiel una vez más.

Uno de los estudiantes de la escuela bíblica era un joven de dieciocho años llamado Roberto*. Él era de una de las iglesias de un pueblo al sur de Durango, a unos 80 Km. de distancia. A pesar de la oposición de la familia, vino a estudiar. Tanto nosotros como los hermanos mexicanos estabamos muy contentos con este joven prometedor, quien había tomado la determinación de estudiar la Palabra de Dios a pesar de la oposición familiar.

Terminado el semestre, Roberto encontró un trabajo en una mina cerca de Durango y venía a casa a visitarnos; los domingos hacía el viaje con nosotros al pueblo donde sus padres vivían, y donde estaba su iglesia. Era muy valioso para nosotros porque

---

*Tanto el nombre del muchacho como el de su madre —que aparece más adelante— han sido cambiados para resguardar la intimidad de ellos.

nos ayudaba a que la camioneta siguiera andando, controlando las ruedas y estando a mano cuando lo necesitábamos.

Roberto nunca regresó a la escuela bíblica, pero leía los libros que le prestábamos y parecía estar creciendo en el Señor. Decidió obedecer el mandamiento del Señor y se bautizó en agua. Por un par de años parecía servir al Señor con fidelidad.

Luego comenzaron a pasar algunas cosas extrañas. Al principio, no nos dimos cuenta de la relación, pero luego empezamos a atar cabos. Sospechamos que él era el responsable del problema con los frenos, pero nunca estuvimos tan seguros como para confrontarlo. Luego comenzaron a desaparecer algunas herramientas de la camioneta. Me robaron el «gato» un par de veces, junto con la herramienta para las tuercas de las ruedas. Aunque Roberto vivía fuera de la ciudad y trabajaba en una mina fuera de la ciudad de Durango, cada vez que pasaba algo así, él siempre estaba cerca. Luego me robaron la cartera. No había nada de valor, excepto mi identificación y mi licencia de conducir. Como eso sucedió a mitad de semana, pensé que seguramente esta vez no íbamos a poder sospechar de Roberto porque debía estar trabajando fuera. Pero no, a las pocas horas de la desaparición de mi cartera, apareció Roberto en casa. Era un feriado nacional y por eso no trabajaba.

Mis sospechas tenían su lugar, y su actitud había cambiado tanto que hasta tuve miedo de que siguiese andando alrededor de la casa. En una visita que nos hizo me dijo lo fácil que sería entrar a la casa de al lado, donde vivían mi hermana y su familia.

Le pregunté:

—Pero, ¿quién querría entrar a la casa? No tienen nada de valor.

—Eso es lo que todos piensan. Pero el ladrón sabe que hay cosas que se pueden vender y valdría la pena robarlas.

Un domingo a la tarde vino como de costumbre, pero esta vez no le permití entrar a casa. Estaba convencida que él tenía parte en los robos y accidentes. Me quedé conversando con él en la puerta. Mientras lo miraba, sentía como si un espíritu de maldad saturara todo su ser. De lo único que hablaba era de un hombre al que habían matado en la mina donde él trabajaba: la posición en que habían encontrado el cuchillo, cómo lo habían atacado, la condición del cuerpo, etc. Eso me dio más seguridad de que había que vigilar a Roberto. Algunos de los hermanos mexicanos, cuando se enteraron, insistieron en acompañarme a casa después del servicio vespertino del domingo y quedarse a pasar la noche con nosotros; sabían que estaba en la ciudad y podría volver a casa.

El domingo siguiente salí con mis tres hijos y otros hermanos para la escuela dominical, tal como era nuestra costumbre. De regreso, paramos en un restaurante pequeño, almorzamos y volvimos a casa. Después de un rato de haber llegado noté que algo andaba mal. La persiana de la ventana de mi cuarto estaba fuera de lugar. Algunos libros que había dejado sobre la cama, estaban en otro lugar. Comencé a revisar la casa, presintiendo que nos habían robado. Dos habitaciones habían sido saqueadas por completo. Binoculares, la cámara filmadora, la máquina de coser, el proyector, etc. Habían desaparecido miles de dólares en equipos. Entre las cosas que se llevaron estaba el anillo de bodas de Jerry. Evidentemente, habíamos llegado antes de lo esperado, porque sólo habían robado en las dos habitaciones del frente. Otras cosas de igual valor que había en el resto de la casa no las habían tocado.

Sospeché inmediatamente de Roberto. Fui a la casa de mi hermana, donde se estaban quedando Daniel y Deloris Gutiérrez, mientras mi hermana y mi cuñado estaban en EE.UU., y les conté lo ocurrido.

—Ya verán. Dentro de media o una hora, Roberto aparecerá por aquí.

Cuando habían desaparecido las otras cosas, no me animé a denunciarlo a la policía porque no estaba segura que fuera él. Pero esta vez sabía que no me quedaba otra opción. Dejé a Daniel y Deloris en casa con los niños y fui a la policía, pidiéndole a Daniel que retuviera a Roberto en caso de aparecer por la casa. En el momento en que yo salía por el camino, Roberto entraba.

Cuando le expliqué a la policía todo lo que había pasado, acordaron que el problema con Roberto era algo más que coincidencia. Como vivía fuera de la ciudad y siempre aparecía cuando faltaba algo, tenía que estar involucrado. Fueron a casa y lo arrestaron.

A los tres días apareció su papá en casa preguntándome dónde estaba Roberto.

—Está en la cárcel.

—¿Por qué?

—Porque ha robado unas cuantas cosas por acá y la policía lo arrestó el domingo, cuando robó en mi casa.

Con mucha calma, me dijo que iba a la policía a ver qué estaba sucediendo.

A las pocas horas regresó a casa echando chispas.

—¿Cómo se atreve a hacerle algo así a mi hijo? —me gritó—. Me encargaré de que lo pague bien caro. Usted y sus hijos no estarán a salvo cada vez que salgan de la casa. Espere y verá. Lo pagará.

Señalando a uno de mis hijos que estaba parado en la puerta conmigo con el brazo y el dedo extendido, hizo ruido como de ametralladora con la boca: «Ra-ta-ta-ta-tá...».

Siguió gritando, amenazando y lanzando maldiciones, pero no entendía lo que decía porque no conocía ese vocabulario en español. Había aprendido muy bien lo que necesitaba saber, pero no las malas palabras. ¡Y se suponía que este hombre era cristiano!

A los pocos minutos de haberse ido, el sargento a cargo del caso vino a casa para decirme que el padre de Roberto había estado en la cárcel y que estaba muy enojado. Venía a advertirme, pero le dije que el hombre ya había estado en casa y le conté algunas de las cosas que había dicho. Ante las amenazas, el sargento hizo un pedido de arresto y puso una guardia de veinticuatro horas en casa hasta que lo encontraran. La noticia corrió como pólvora por todas las misiones e iglesias de la zona. El pastor de una iglesia que estaba a 80 Km. de Durango mandó inmediatamente a su esposa para que se quedara conmigo. Ya había otros hermanos y hermanas que estaban en casa. Es más, una par de hombres ya estaba vigilando arriba de casa antes que la policía mandara la guardia. Pero Juana, la esposa del pastor, también vino. Al bajar del autobús y correr hacia casa, fue detenida por el policía que vigilaba.

—¿Adónde va?

—Voy a casa de la hermana Nola.

El policía la miró y le preguntó:

—¿Qué relación tienes con ella?

Juana, sin saber que el policía estaba vigilando la casa, se encogió de hombros y dijo:

—Es mi hermana.

El guardia no sabía qué hacer, pero después de estudiarla por un rato, la dejó pasar.

Más tarde, cuando el sargento trajo al guardia de relevo, se escuchó que el primero comentaba:

—¡No sé lo que pasa aquí! Todo el día estuvo entrando y saliendo gente de la casa y todos dicen ser hermanos y hermanas entre ellos. ¡Pero no son hermanos! Algunos son estadounidenses y otros mexicanos, pero se llaman entre sí «hermanos».

El detective se rió y dijo:

—¡Está todo bien! Mi hermana está casada con un metodista. Estos evangélicos se llaman «hermanos» y «hermanas» unos a otros.

Esa noche, después que el policía se llevara al padre de Roberto, me vino a ver su mamá. La mujer, con una niña en los brazos, lloraba y suplicaba para que dejara en libertad a su marido y a su hijo. Mientras estábamos conversando, el detective a cargo del caso, vino a comunicarme que habían detenido al padre de Roberto.

—Sargento, ¿qué podemos hacer en esta situación? Ella es Ana, la mamá de Roberto, y me pide que retire los cargos contra Roberto y su padre. ¿Usted qué cree?

—Lo que usted quiera, está bien. De todos modos, los cargos contra el padre de Roberto no van a ser tan fáciles de retirar, porque amenazó también a un policía en la cárcel. Habrá que seguir cierto procedimiento en este caso.

—¿Se podrían retirar los cargos con el compromiso que nunca jamás volverán por acá? —le pregunté.

—Sí. Si usted quiere, se puede hacer eso.

—¿Eso resuelve su problema, Ana? —le pregunté a la mujer que seguía llorando.

Secándose la cara con la manta del bebé, asintió con la cabeza, y dijo:

—Sí.

Aquella noche retiraron al guardia de la casa porque tenían al padre de Roberto en custodia. Tendría que presentarse ante el juez del estado y pagar una fianza por haber amenazado a mis hijos y al oficial de policía. A Roberto lo dejaron una semana encarcelado y luego lo soltaron.

Nunca volvía a ver ni a Roberto ni a su padre. Y aunque los robos y los problemas con el vehículo cesaron, todavía nos sentíamos mal. Esa gente necesitaba del evangelio. A pesar de conocer la palabra de Dios por tantos años, había caído en una situación como aquella. Era difícil de entender. Mi oración era que encontrasen otra iglesia y que dejaran que el Señor reinara en sus vidas.*

Una joven llamada Ruth Fried se mudó a Durango y vivió conmigo más de un año. Me ayudaba con los niños, la casa y el trabajo de la oficina. Cuando yo tenía que viajar para ir a recaudar fondos para la escuela bíblica, también se encargaba de las reuniones en los distintos pueblos. Usando mi vehículo, llevaba a uno de los pastores mexicanos a las distintas iglesias para los servicios.

En una de estas ocasiones, Ruth y Maximiliano (le decíamos Max) habían ido a un pueblo en las montañas para la escuela dominical y venían de regreso a Durango. ¡Por lo menos así supusieron! Para volver a Durango desde ese pueblo, es necesario hacer continuos ascensos por un sendero sinuoso y rocoso durante unos 5 km. antes de llegar a la cima y comenzar el descenso por el otro lado del valle.

Manejando mi Peugeot, Ruth y Max comenzaron el ascenso. De pronto, a la mitad del trayecto, el auto comenzó a tirar agua del radiador. Ahí estaban, sentados en el auto a mitad de camino de ascenso, y a kilómetros de distancia de un sitio dónde conseguir agua. Seguramente, en la cima de la montaña no iba a haber agua; el único lugar donde posiblemente la consiguieran sería montaña abajo, en el lecho de un riachuelo casi seco, que aún tenía un poco de agua.

---

*Veintiséis años después, al terminar un concierto en el que canté con mi hijo Marcos en una ciudad de México, se me acercó corriendo una señora al final de la función, me echó los brazos al cuello y empezó a llorar. No tenía idea de quién era, pero retuve el abrazo mientras se desahogaba. Finalmente, dando un paso atrás, me preguntó:

—¿Sabe quién soy?

Mirándola detenidamente, le dije:

—No; me temo que no la reconozco.

Sujetándome ambos brazos, me sacudió un poquito y dijo

—Míreme bien.

La miré mejor y le dije que me resultaba conocida, pero que no la ubicaba. Sonriendo apenas, me dijo

—Soy Ana.

Abrí la boca y le pregunté —¡¿La mamá de Roberto?!

—Sí.

Me dijo que se había separado del marido hacía unos cuantos años, y que él y Roberto estaban juntos, viviendo una vida de pecado, pero que ella y sus hijas estaban juntas y servían al Señor, e iban a la iglesia con regularidad en la ciudad en la cual vivían.

Dieron vuelta el auto y fueron bajando por donde habían subido, en busca de ese poco de agua. Pero al llegar se dieron cuenta que no tenían nada en que recoger el agua. Revisaron desesperadamente el auto en busca de algo y encontraron una pequeña botella vacía de Coca Cola. Con aquella botellita llenaron de agua el radiador y emprendieron el camino de ascenso. Esta vez llegaron más lejos, pero no lograron llegar hasta la cima. La primera vez que pararon, Max se había quemado el brazo con el vapor cuando intentó sacar la tapa del radiador. Esta vez, cuando empezó a salir vapor, ni se molestó en levantar el capot. Simplemente, dieron vuelta el auto y bajaron nuevamente a buscar agua. Volvieron a llenar el radiador con la botellita de Coca Cola y emprendieron la subida otra vez hacia la cima, sin embargo volvieron a fallar. ¡Cuatro veces tuvieron que pegar la vuelta para llenar el radiador! La última vez oraron sobre el auto y llegaron, pero el radiador seguía echando vapor. Pero esta vez bajaron del otro lado en busca de agua. Tuvieron que usar la botellita un par de veces más hasta que, finalmente, llegaron a casa. ¡Pero lo lograron! Estaban muy agradecidos por esa botella. ¿Qué hubiesen hecho sin ella?

Durante esta época en que Ruth se ocupaba de todo, hice un viaje como de 24.000 km. para promocionar la obra en Durango. Viajando de este a oeste por Estados Unidos, visité iglesias y pastores que nos habían ayudado en el pasado y que seguían estando interesados en contribuir con la obra en México. En este viaje me enteré de los rumores y críticas que corrían acerca de mi decisión de volver a México para continuar con la obra comenzada por Jerry. Se repetía el mismo comentario: «Ese no es trabajo para una mujer. Eso lo tiene que hacer un hombre.»

Estaba de acuerdo. Los problemas, el trabajo, el calor, los viajes, el trato con los pastores, el intento de contar con una escuela bíblica y la supervisión general de la obra, era trabajo para un hombre. Estaba de acuerdo con ellos entonces, y lo sigo estando ahora. No era un trabajo para mujer. Yo había heredado el trabajo porque Jerry no estaba. ¿Qué debía hacer? ¿Dejar todo e irme, diciendo que ese no era trabajo para una mujer? Débora no eligió ir a la guerra; ese era trabajo para hombres. Pero lo hizo. Además de mi cuñado David, ningún hombre apareció para hacerse cargo. Si hubiese venido algún pastor bien intencionado y en quien yo confiara, diciéndome: «Nola; creemos que tienes que tomar tus niños, irte a casa y no preocuparte por nada. Nos ocuparemos de este trabajo y nos encargaremos que estos cristianos mexicanos sean enseñados en las cosas del Señor. Dios me ha enviado para aliviarte el trabajo y eso haré.» Entonces me hubiera ido. Pero jamás apareció nadie diciendo eso. Por eso me quedé en México. Mi hermana Rena y su esposo David estaban allí. Pero, aun con su ayuda, el trabajo había crecido tanto que ya no podíamos abarcar tanta responsabilidad.

Después de hacer ese viaje de 24.000 km., estaba cansada. Cansada del tiempo pasado en la ruta, desanimada y descorazonada de todas las críticas recibidas en el viaje. Extrañaba a mis hijos y extrañaba mi casa. En algún lugar del cielo, en el vuelo entre El Paso y San Antonio, cansada y desalentada, preguntándome si todo aquello valdría la pena, tomé los auriculares de mi asiento en el avión. Al seleccionar la música, fue como si la misma presencia de Dios me envolviese. Todo lo que existía para mí en aquel momento era el lejano rugido de los motores, la luna que se reflejaba sobre el ala del avión y la música que escuchaba en mis oídos:

«*Cuando camines en medio de la tormenta,*
levanta bien alto tu cabeza y no temas la oscuridad.
Cuando la tormenta termine habrá una dorada luz
                                        resplandeciente
y el dulce y plateado sonido de la alondra.
Camina en medio de la tormenta,
camina en medio de la noche,
nunca andarás solo...
Camina, camina con esperanza en tu corazón
y nunca andarás solo.»

Dios había escrito esa letra para mí. No estaba sola; nunca había estado sola y nunca estaría sola. Él estaba conmigo.

7

Victoria y derrota

Como sucede con la mayoría del trabajo misionero, nuestra historia esta llena de tremendas victorias, salpicada con algunas derrotas. Aunque seguía habiendo mucha oposición en algunas áreas, en varios pueblitos y aldeas el crecimiento era constante, abriéndose nuevas poblaciones al testimonio del evangelio una velocidad mayor de lo que podíamos atender.

El congreso anual que celebrábamos en Pascua llegó a ser un momento de encuentro en el año para todas las iglesias y misiones. El primero lo habíamos celebrado semanas antes del fallecimiento de Jerry, y fue creciendo tanto cada año que llegó el momento en que los nuevos edificios de la escuela bíblica no podían contener a todos los asistentes.

Durante mi primer año de viudez comenzamos a tener un campamento juvenil anual. Debido a que era una experiencia completamente nueva —y como ni el congreso ni el campamento se hacían exactamente igual a los de EE.UU.— había mucho que aprender y *des*aprender. Aun así, Dios nos bendecía y nosotros estábamos contentos por todas las cosas buenas que sucedían.

En el pueblo que estaba a unos 80 km. de Durango, donde vivía el único pastor mexicano que teníamos en el momento del accidente, rentábamos un edificio donde se llevaban a cabo los servicios. La gente venía de todas partes de los alrededores a este pueblo más grande. El lugar comenzó a llenarse cada domingo por la noche. Nos estábamos acomodando unas cien personas en un lugar con capacidad para treinta o cuarenta. Esa Navidad decidimos pasar una película sobre la vida de Cristo en esa pequeña iglesia. Había tanta gente que casi no se podía respirar. Aunque yo estaba manejando el proyector, tuve que salir a tomar aire. El lugar estaba tan atestado de gente y la falta de aire era tanta que sentía que me iba a desmayar. Nadie se mareó y nadie se movió. Todos se quedaron en aquella sala hasta que terminó la película.

En otra ocasión, en esa misma iglesia, había tanta gente sentada en los bancos que en mitad del servicio se escuchó un fuerte ruido, seguido de gritos. Al mirar para ver qué había pasado, notamos que uno de esos pobres bancos se había venido abajo. Hubo mucha excitación por unos minutos mientras la gente buscaba donde ubicarse, sobrecargando más aún los bancos que quedaban. ¡Pero nadie se retiró! Dios estaba bendiciendo y ni las aglomeraciones ni los bancos rotos podían competir con la bendición de Dios. ¡Qué gozo! No pasó mucho tiempo antes que pudiéramos comprar una propiedad en aquel pueblo y poner la piedra fundamental para el edificio de la iglesia.

Otras aldeas se abrían a lo largo del estado de Durango y algunas en Zacatecas, al sur. También en Coahuila, al norte. Nos gozamos especialmente con los contactos en Zacatecas, porque eran el resultado directo de las cartas recibidas de personas que habían recibido el Evangelio de Juan que Jerry y Nicolás habían tirado desde el avión el día del accidente. Algunos otros pastores nacionales vinieron a trabajar a la misión y surgieron hombres dentro de las iglesias para trabajar en la viña del Señor.

La escuela bíblica demostró ser un éxito. Se terminó de construir el edificio original y en el segundo aniversario de la muerte de Jerry se puso la piedra de dedicación y se consagró al trabajo para el Señor. Habían sido dos años tumultuosos y difíciles, pero vez tras vez Dios nos mostró su fidelidad.

Los estudiantes de la escuela bíblica vivían muy cerca de los misioneros. Cuando había que imponer medidas disciplinarias yo tenía que estar presente para supervisar lo que hacían. En esa época, mis hijos eran pequeños y me los llevaba conmigo. Muchas tardes las pasaba en los predios de la escuela, sentada en la camioneta estudiando para las clases, mientras los estudiantes trabajaban poniendo ladrillos o cargando arena.

En una oportunidad los padres de un estudiante nos invitaron a su granja para la matanza de un cerdo. Esto es un gran evento en México en los campos pequeños. Generalmente, la gente lo festeja todo el día. Los hermanos mexicanos que ayudaban en la escuela, los que estaban en la construcción y yo, decidimos conducir hasta la granja a pasar el día. Pasamos a buscar a otro hermano, quien se suponía nos iba a indicar el camino, pero enseguida nos dimos cuenta que él tampoco sabía cómo llegar.

En México hay mucha gente que vive en esa clase de granjas, apartadas del camino, quienes no tienen vehículo y la única manera de llegar es por un sendero al que se entra con caballo, bicicleta o a pie. Yo no lo sabía cuando comenzamos este «picnic», pero la entrada a este campo era de esa clase. Primero salimos de la carretera, luego el camino se angostó hasta convertirse en una huella, por la que sólo podía pasar un caballo o gente de a pie. Seguimos adelante, ya que los estudiantes tenían muchas ganas de ir. Tuvimos que pedirle a un par de ellos que fueran delante de la camioneta, para guiarnos y avisarnos dónde había piedras o pozos. Finalmente, hasta la huella desapareció, y nos encontrábamos en medio de los arbustos. Seguimos adelante a pesar de los árboles, hasta que, finalmente, llegamos a la casa.

Cuando llegamos noté que el ambiente no era muy festivo. Al rato les preguntamos a los padres del estudiante cuando se iba a matar el cerdo.

—Ya lo matamos.

—¿Y la carne?

—Ya se acabó. ¡Ya comimos una parte y ahumamos el resto!

No sé lo que pasó con ese cerdo; no sé si lo habían matado o no, pero lo que sí sé es que no nos ofrecieron ni una tortilla.

Luego hubo que volver a la carretera. Teníamos que desandar el camino, pasar por los mismos agujeros y piedras hasta que, finalmente, llegamos a la carretera principal. ¡Nunca más intentamos ir a una fiesta de matanza de cerdos!

Como mencioné, las victorias fueron muchas, pero hubo algunas derrotas que jamás olvidaré. La siguiente historia es de una joven llamada Engracia, una de las más tristes vivencias que tuve en México.

Habíamos ido al pueblo La Constancia unos dos años antes, cuando conocimos a Engracia. La Constancia es una de las aldeas más pobres de todas en las que hemos trabajado. Para llegar a la casa donde se hacían las reuniones, era necesario estacionar el vehículo y caminar por un sendero rocoso más de un kilómetro. Este sitio era un valle que, a veces, se llenaba de piedras volcánicas; por lo tanto, cuando digo «sendero rocoso» me refiero a algo más que a unas pocas piedras diseminadas por el camino.

Un día en que los hermanos mexicanos que se encargaban de la reunión llegaron al sendero, se encontraron con una muchacha sentada en una de las piedras, con la cabeza sobre las rodillas, doblada a causa del dolor. El niño de la aldea que los venía acompañando, se le acercó diciendo:

—¿Todavía estás acá?

Cuando lo interrogaron acerca del asunto, él les contó la siguiente historia.

Engracia era muy conocida en el vecindario debido a sus «ataques». Le podían venir sin razón alguna en cualquier momento, quedaba incapacitada por horas enteras. Este ataque en especial le había sobrevenido yendo por ese sendero temprano en la mañana, y había estado sentada allí durante horas, sin poder moverse. Como estaban a pocos metros de la casa donde se llevaría a cabo la reunión, y Engracia todavía no podía moverse, el hermano a cargo del grupo, la levantó para llevarla a la casa. En cuanto la tocó, ella comenzó a gritar de dolor, mas la dueña de casa sabía lo que necesitaba. Pusieron a Engracia en la cama, impusieron las manos sobre ella y oraron en el nombre de Jesús. Mientras estaban orando por ella se fue calmando y el dolor empezó a ceder.

A la semana siguiente, cuando regresaron a La Constancia para el servicio, Engracia los estaba esperando con una sonrisa. Estaba bañada, vestida con ropa limpia y se sentía muy bien. No había tenido ataques desde la semana anterior y creía que Dios la había sanado. En las semanas y meses que siguieron, Engracia asistió a las reuniones y se integró a la comunidad nuevamente. Vivía sola en una casucha de piedra de una sola habitación. Su familia no la quería en la casa debido a los ataques que le sobrevenían de repente, y la habían puesto allí para que muriese. Ahora Engracia estaba bien y empezaba a viajar a Durango para ver a sus hermanos y a su familia. Ellos la recibían bien, ya que no le daban más aquellos ataques. Estaba limpia y se veía saludable; buscaba al Señor y escudriñaba la Palabra.

Un día, cuando íbamos para el servicio, Engracia no estaba. La señora de la casa dijo que «se había casado». Al averiguar, nos enteramos que no se había casado sino que estaba viviendo

con un hombre que estaba totalmente en contra de los evangélicos, y que no la dejaba asistir a los servicios. Este tipo de casamiento es común en México, ya que la gente pobre no puede
afrontar los gastos que ocasiona sacar la licencia, los exámenes
de sangre, rayos X y pagar a los jueces, por lo que muchas parejas se juntan, tienen hijos y viven en familia sin estar legalmente
casados. Conocimos una pareja que vivió así veintidós años y tuvieron ocho hijos antes de casarse legalmente.

Cuando se enteraron de «su casamiento», los cristianos fueron a visitar a Engracia, para orar con ella y aconsejarla. Como
resultado, a la semana siguiente estaba en el servicio. Pero solo
había venido para decirnos «Adiós». Se iba con su marido y
nunca más nos volveríamos a ver. Cuando nos estábamos yendo,
tomé a Engracia de la mano y con lágrimas en los ojos, le dije:

—Engracia, Dios ha sido tan bueno contigo...

Bajando la cabeza, ella dijo:

—Lo sé, pero...

En las semanas siguientes no supimos nada de ella. Al poco
tiempo cerramos la misión en La Constancia porque la mayoría
de la gente que quería el evangelio se había mudado a la ciudad
en busca de trabajo. Meses después le pregunté a un hombre que
cada tanto visitaba La Constancia, si sabía algo de Engracia.

—Murió.

—¡¿Se murió?! —exclamé—. ¿Qué pasó?

—Al poco tiempo de haberse ido con aquel hombre, comenzó a tener nuevamente esos ataques. Como su condición empeo-
ró, el hombre la dejó y ella volvió a la casucha, ya que hasta su
familia la había abandonado.

—¿Murió sola?

—Sí; sola.

¡Qué triste! ¡Cuánto sufrí por Engracia! Había estado tan
contenta, ¡se la veía tan bien...! Pero ya no estaba; se había ido
para siempre. Seguramente podríamos haber hecho más por
Engracia.

Aunque la constitución les garantiza la libertad religiosa y
existen leyes para proteger esa libertad, los cristianos mexicanos
no tienen seguridad física cuando hay oposición. Todo depende
de los funcionarios locales. En una ocasión el alcalde de una ciudad mandó soldados para protegernos a algunos de nosotros de
una turba que estaba perturbando un servicio. Pero, la siguiente

historia es casi la norma cuando se trata de persecución religiosa en algunas partes de México.

Max era un hombre mayor que trabajaba con nosotros en un pueblo llamada Montemorelos, a unos 24 km. de Durango. Una familia lo había invitado a que fuera a predicar a su casa. Durante unas pocas semanas las reuniones se realizaron sin problemas.

Era verano, y como mi cuñada Karen Witt había venido especialmente para trabajar en algunas escuelas bíblicas de vacaciones, decidimos tener una en Montemorelos. La vida en los pueblos puede llegar a ser muy monótona y como las actividades que preparamos eran interesantes, un buen número de niños se entusiasmaron y asistieron el primer día de clase.

El segundo día, Karen y Marta, su colaboradora, habían dejado el auto a un kilómetro y medio, debido a las malas condiciones del camino. Caminaron ese tramo y al llegar a la entrada del pueblo se encontraron con un grupo aproximado de 200 madres furiosas que llevaban palos, cachiporras y ladrillos. Su propósito era prevenirle a esas dos muchachas que no siguieran con la escuela bíblica de vacaciones.

Karen trató de razonar con las madres, pero no las dejaron entrar al pueblo. Entonces, las dos jovencitas, tristes, emprendieron el camino de vuelta hasta donde habían dejado el auto, cantando alabanzas al Señor.

Al día siguiente, Karen y Martha fueron a buscar al pastor Max y a otro visitante estadounidense para que fueran con ellas a Montemorelos, para que las ayudaran en caso de que aquellas mujeres las estuvieran esperando. Estaban. Solamente que ahora había algunos hombres en el grupo, y estaban armados con machetes.

Esta vez, Max le habló a la gente, mientras que el joven estaba a su espalda, hacia un costado. Todos gritaban y protestaban. Reinaba una gran confusión.

De repente, por el rabillo del ojo, el joven vio a una mujer que se venía abriendo paso lentamente por detrás de Max mientras él trataba de razonar con ellos. Ella llevaba un machete en la mano. Se venía acercando furtivamente por detrás de Max. Rompiendo a correr, levantó el machete por encima de su cabeza preparándose para clavárselo a Max en la espalda. Reaccionando velózmente, el joven le gritó a Max mientras agarraba a la mujer del brazo.

Esto aplacó un poco a la multitud y el alcalde pudo dispersarlos, pero le advirtió a los evangélicos que no entraran al pueblo para continuar con el programa. Nuevamente, nuestro grupito emprendió a pie el kilómetro y medio de vuelta a donde estaba el vehículo, alabando a Dios.

Decidimos dejar que las cosas se calmaran en Montemorelos y no tratar de volver por un tiempo. Después de algunas semanas, Max volvió a la casa de la familia que lo había invitado a predicar el evangelio. La familia estaba asustada. Después de cantar algunos coros y de leer algunos pasajes bíblicos, Max se estaba por retirar. Pero, de alguna manera, se había corrido la voz, y en cuanto salió de la casa había una multitud esperándolo. Una vez más, el alcalde tuvo que dispersarlos. En esta oportunidad acompañó a Max hasta la entrada del pueblo para estar seguro que se fuera sano y salvo.

Después de esperar otro corto período para que las cosas se aplacaran, Max volvió a Montemorelos a visitar a la familia que le había pedido tener las reuniones. Esta vez estaban más asustados que nunca. La gente del pueblo los había amenazado con matarle las vacas e incendiar sus graneros. El dueño de casa le dijo:

—¡Son capaces de hacerlo!

Una vez más, al salir de la casa Max, se encontró con la turba que lo esperaba. Una vez más, el alcalde tuvo que dispersarlos y acompañar a Max hasta la entrada del pueblo. Pero esta vez el alcalde le dijo:

—Esta es al última vez. Ya le salvé la vida tres veces dispersando a esta gente que quiere matarlo. Ya basta. Si vuelve por acá y ellos intentan matarlo, lo podrán hacer. Ya no lo voy a ayudar.

Dicho eso, giró sobre sus talones y volvió por el polvoriento camino de regreso al pueblo.

A pesar de haber recibido órdenes oficiales del ejército de Durango, este funcionario no pudo hacer más nada por los evangélicos y se negó a darles mayor protección. La familia que estábamos visitando estaba tan atemorizada por las amenazas de la gente del pueblo, que nos pidieron que no regresáramos. Y no volvimos. Había muchos otros lugares donde la gente sí quería el evangelio y allí nos dirigimos.

Karen y Martha pudieron llevar adelante con éxito varias escuelas bíblicas de vacaciones aquel verano, a pesar de que tenían

117

que caminar muchísimo y trabajar en condiciones muy precarias. En uno de los pueblos había tantos escorpiones en el campo, en las iglesias y en las casas donde se quedaban que Karen, de noche, los podía oír cuando caían del techo sobre su cabeza y de ahí al piso.

En Durango, los escorpiones son tan temerarios como las serpientes. Existe algún componente mineral en el suelo y el agua, que los hace tan ponzoñosos como las serpientes de cascabel. En el hospital estatal existe una unidad especial donde se tratan las picaduras de escorpiones. La picadura paraliza a la persona y la va asfixiando lentamente. En un niño pequeño tarda media hora, y en un adulto dos horas hasta que aparecen los síntomas de asfixia, a no ser que se les dé el antídoto. ¡Pero Karen y Martha eran valientes! A pesar de vivir en medio de estas criaturas día y noche, completaron los cinco días de escuela bíblica en el pueblito, y muchos niños que aceptaron a Jesús como su Salvador ahora son adultos; algunos incluso están en el ministerio.

El tipo de persecución con el que nos encontramos en Montemorelos, los problemas con los escorpiones, los malos caminos, la falta de electricidad, etcétera, fueron cosas que aceptábamos como parte del trabajo. Llevábamos el evangelio a zonas donde nunca había llegado, y sabíamos que habría persecución. No obstante existía otro tipo de persecución que no esperábamos, y que nos causaba más dolor y daño que ninguna otra: la persecución que perpetraban nuestros propios hermanos en la fe.

Uno de esos casos sucedió con un hombre que había venido para trabajar con nosotros. Sin embargo no pasó mucho tiempo hasta que él y el líder de una prominente denominación protestante de la ciudad de Durango estaban trabajando juntos para apropiarse de las misiones y la obra que el Señor nos había ayudado a levantar. En uno de estos lugares ya habíamos levantado un edificio, pero estos hombres le dijeron a la gente de esa congregación que tenían que firmar una petición para decirle a Nola que «tomara sus ladrillos y se marchase».

Como era de esperar, los miembros de la congregación vinieron a avisarme. Los miré unos minutos y luego les pregunté:

—¿Y ustedes quieren que yo me vaya?

—¡No! ¡No!

—Porque si ustedes quieren que yo me vaya, todo lo que tienen que hacer es decírmelo y me iré. Y no me llevaré los ladrillos.

Pero la gente insistió en que no quería que nos fuéramos, así que seguimos teniendo reuniones durante varios años en aquel pueblito. Estas mismas personas ocasionaron problemas en la escuela bíblica y con gente que estaba trabajando con nosotros en la misión. Había constantes habladurías, chismes y críticas. A veces era doloroso y perturbador, y yo no necesitaba más traumas emocionales. Desde mi adolescencia, Isaías 41.10 había sido uno de mis textos preferidos: «No temas, porque yo estoy contigo; no desmayes, porque yo soy tu Dios que te esfuerzo; siempre te ayudaré, siempre te sustentaré con la diestra de mi justicia.»

Por lo tanto, en medio de tantas habladurías y críticas, volví a este pasaje. Pero seguí leyendo también los versículos que seguían: «He aquí que todos los que se enojan contra ti serán avergonzados y confundidos; serán como nada y perecerán los que contienden contigo. Buscarás a los que tienen contienda contigo, y no los hallarás; serán como nada, y como cosa que no es, aquellos que te hacen la guerra. Porque yo Jehová soy tu Dios, quien te sostiene de tu mano derecha, y te dice: No temas, yo te ayudo.»

«¡Ajá!» ¡Esa fue mi reacción, precisamente! «¡Mira...!» Y así fue. A los pocos meses, la persona que estaba instigando y provocando el problema salió de Durango. Después, todo se calmó y pudimos seguir adelante.

******

Habían pasado cerca de tres años de la muerte de Jerry y el trabajo se había intensificado enormemente. Muchas veces los domingos manejaba ocho horas la camioneta, yendo de pueblo en pueblo para los servicios.*

Un domingo manejé tanto que el lado izquierdo de mi cuerpo se entumeció de tal manera que no podía ni levantar el brazo. Esa noche un amigo me tuvo que traer de regreso a casa. Al día siguiente, el médico me dijo que estaba agotada.

La razón para estar tan cansada era que luchaba con el temor que me sobrevenía recurrentemente, por lo que no eran muchas las noches que dormía bien. A veces, las muchachas que se

---

*Eso era necesario porque trabajábamos con gente pobre que no tenía vehículo.

quedaban conmigo se quedaban levantadas hasta muy tarde, escuchando la radio y conversando conmigo, porque me daba miedo ir a dormir. Otras veces me iba a la cama, pero no podía dormir sin una pistola bajo la almohada. (No tengo idea qué hubiese hecho con ella. No estaba cargada y no sabía usarla.)

Estaba teniendo muchos dolores de cabeza, que a veces me duraban hasta una semana entera, y solía padecer palpitaciones y taquicardia. A veces me sentía mal y estaba sola. Había problemas por todos lados: con los estudiantes de la escuela bíblica, con los pastores en Estados Unidos, con la ayuda en la casa, y con los mismos pastores mexicanos. Además, mis hijos estaban creciendo y temía perder el control sobre ellos. Marcos y Felipe estaban viviendo esa etapa en la que querían subir al techo de la casa y lanzarse abajo, ¡usando mi paraguas como paracaídas!

Había problemas por todas partes. ¡Problemas y más problemas! Yo estaba extenuada y ya no podía resolver todo lo que se me presentaba.

Tenía miedo de irme a dormir de noche pensando que alguien pudiera entrar a la casa, o rompernos el auto o la camioneta, o robarnos, o atacarnos. Pero, la causa mayor de todos estos temores era algo sobre lo que aún no encuentro una explicación válida.

Vivíamos en una casa grande en aquella época y compartíamos la casa con varias personas provenientes de los Estados Unidos, quienes venían a ayudarnos en la obra en verano. Dos de estos jóvenes eran mi hermano Buddy Holder y mi cuñada, Karen Witt. Karen dormía en el cuarto que estaba frente al mío y Buddy dormía en otro sector de la casa, por donde se accedía solamente desde el exterior. Cierta noche me había ido a dormir antes que los demás y les había pedido que cerraran bien todo antes de irse a dormir. Me desperté a la 1:20 de la madrugada debido a los quejidos de uno mis hijos, al cual estaban picando los mosquitos. Lupita, la muchacha que me ayudaba en la casa, y yo nos pasamos unos minutos buscando el repelente para echar en el cuarto de los niños, a fin de que pudiesen descansar el resto de la noche. La escalera desembocaba en el pequeño pasillo donde estaban los tres dormitorios, el de los chicos, el mío y el de Karen, y del cual salía una escalera caracol. Karen, los chicos y yo estábamos en nuestros respectivos dormitorios antes que sucediera lo que voy a relatar.

Al salir del dormitorio de los chicos para volver al mío, tenía la mano en la llave de la luz y estaba de frente a la escalera caracol. Repentinamente escuché como si alguien arrastrara una caja pesada en el piso de abajo. Pensando que alguien habría entrado por alguna de las ventanas, entré al cuarto donde Karen dormía, encendí la luz y le pregunté si habían cerrado bien la casa.

—Sí; cerramos todo con llave.

—¿Estás segura?

—Sí; estoy segura —me contestó, no muy contenta de ser interrogada de esa forma, y a esa hora de la madrugada.

Me encogí de hombros, y con la mano sobre la llave de luz me di vuelta para salir. La puerta del dormitorio de Karen daba directamente abajo; me quedé allí parada con la mano sobre la llave y vi a alguien parado en la escalera. Habiendo vivido bastante tiempo sola, y habiéndome acostumbrado a investigar cada ruido inexplicable y cada cosa que veía antes de sonar ninguna alarma, me quedé mirando qué era eso que estaba en la curva de la escalera, a medio subir. Estaba mirando por la ventana que había en el rellano de la escalera y que daba a la parte de la casa donde dormía mi hermano Buddy. La luz de mi dormitorio estaba prendida, por lo que estoy segura que lo que vi no fue una sombra. Era un ser. Tenía una forma definida, pero no pude definir sus rasgos. Era alto y negro. Mientras permanecí allí con la mano en la llave de luz, esta cosa se dio vuelta y me miró. Pensé a toda velocidad quién podría ser. No era Lupita, porque ella era más baja y usaba una trenza que le caía en la espalda. Esta cosa parecía ser un hombre de cabello corto, peinado hacia atrás. ¡Y era terriblemente negro!

Después de descartar a Lupita, pensé en mi hermano. Tal vez fuese Buddy; pero no, no podía ser él porque estaba durmiendo en la otra parte de la casa, y la única manera de entrar era abriéndole la puerta del lado de adentro. Nadie había abierto. Mientras trataba de pensar quién sería, la cosa seguía subiendo la escalera hacia mí. Me había entrenado tanto para mantenerme firme y no ponerme histérica ni entrar en pánico ante cualquier ruido o cosa que veía, que esa cosa siguió subiendo hasta quedar a un metro de distancia de mí, cuando cerré de un portazo —recuerde, yo todavía estaba en el dormitorio de Karen. Cerrar esa puerta de un portazo no fue algo que hiciera voluntariamente. ¡Creo que Dios la cerró! Yo no recuerdo haberlo hecho, pero lo

121

próximo que sí recuerdo es que estaba sentada en el suelo de aquel cuarto contra la puerta, pensando que alguien iba a empujar la puerta para entrar. ¡Y grité como nunca antes en mi vida!

Karen saltó de la cama como un resorte.

—¡¿Qué pasa?! —preguntó.

—¡Hay alguien ahí! —grité.

Sin saber qué hacer, Karen corrió a la ventana y comenzó a sacudir las persianas, golpeando la ventana y gritándole a Buddy. Después contó que, mientras gritaba, buscaba en el armario un paraguas o algo con lo cual golpear al intruso en caso que entrara al dormitorio. Agarró una vieja cartera y eso era lo que tenía en la mano, mientras se paseaba por su cuarto gritando a voz en cuello.

Pero jamás nadie hizo el más mínimo intento por abrir esa puerta. A ese momento yo estaba hecha una gelatina, histérica, sentada en el suelo, recostada contra la puerta.

Si alguien hubiera intentado empujar la puerta y entrar, habría podido hacerlo, ya que yo no podía siquiera ponerme en pie. No obstante, nadie intentó entrar.

Todo esto no había durado más que unos minutos. Karen seguía golpeando la ventana y llamando a Buddy a los gritos. Finalmente, escuchamos a Buddy en la parte de atrás, gritando para que alguien le fuese a abrir la puerta.

—¡No puedo entrar! —gritaba.

(Algunas veces me pregunté que habrán pensado los vecinos aquella noche con tanta gritería).

Lupita bajó las escaleras y le abrió la puerta. Después ella dijo que no sabía lo que estaba pasando. Pensó que tal vez yo habría visto algún otro ratón (¡había unos cuántos en aquella época!). Sin embargo, al escuchar que los gritos seguían, no tuvo explicación. Ella no tuvo ningún reparo en bajar y abrir la puerta.

Ya para entonces, todas las luces de la casa estaban prendidas. Buddy revisó cada rinconcito de la casa. Pero no encontró a nadie, ninguna señal de algún visitante; ningún indicio que se hubiese abierto la puerta . Finalmente, subió las escaleras y se sentó a mi lado en la escalera. Literalmente, no pude ir más lejos.

—Bueno; o fue tu imaginación, o fue un fantasma.

—Buddy —le dije—. Tuvo que haber sido un fantasma. ¡Te aseguro que no fue mi imaginación!

Años después le estaba contando a una de mis hermanas

menores aquella experiencia, y ella me dijo que había tenido una parecida en aquella misma casa un año que había ido para Navidad con Mamá y Papá. Había sentido cierta intranquilidad aquella noche en la casa y había visto la sombra de una cabeza de hombre en la misma ventana donde yo la había visto.

Ahora bien, yo no creo en fantasmas. No creo que los muertos que mueren de manera violenta y que «no se les da descanso» regresen de alguna manera; esa no es la explicación que necesitamos. Esto sucedió en una época de mucha persecución y perturbación en la obra, por lo que creo que el enemigo nos ocasionó ese incidente para sacarnos del medio. Fue después de esto en que había noches en las que no dormía. Muchas noches, como ya dije, me quedaba levantada escuchando la radio hasta el amanecer. Durante el día todo estaba bien y me decía a mí misma que era una ridícula. Pero de noche, ese temor volvía y era como si intentara matarme.

Sí; a veces dormía con la pistola debajo de la almohada, pero en otras ocasiones me llevaba la Biblia a la cama y me dormía con las manos sobre la Biblia, pidiéndole paz al Señor para esa noche. ¡De más está decir que eso era lo que más resultado me daba! Pero, había llegado a un punto donde había perdido tanto sueño que me estaba enfermando. Un día bajé al estudio y le entregué todo el asunto al Señor. Lloré y oré. Tenía que aliviarme.

Unos pocos meses después que sucediera esto, me encontraba en Idaho en una conferencia misionera, y me pidieron que hablara en una de las sesiones de la mañana. Mientras relataba lo que pasaba en México, sentí compartir con ellos este problema también concerniente a mi incapacidad de dormir. Al finalizar, Dorrlene Freeborn, una muy querida amiga, se me acercó y me dijo que ella había sentido la carga por mi falta de descanso mientras yo hablaba.

—Era como si yo misma sintiera el cansancio extremo por la falta de sueño —me dijo—. Entonces, vino a mi mente el Salmo 4.8: «En paz me acostaré, así mismo dormiré; porque sólo tú, oh Jehová, me haces vivir confiado.»

Comencé a apropiarme de ese versículo y hacerlo mío. Podría acostarme en paz y dormiría, porque solamente en el Señor podía vivir segura. Nuevamente, la Palabra de Dios había suplido mi necesidad. Pero Dios se estaba moviendo de manera muy especial nuevamente, y las cosas estaban empezando a cambiar.

8

Todo en el tiempo de Dios

Mi espíritu y mis emociones sanaron. Fue un proceso largo y doloroso, pero Dios hizo la obra. Naturalmente, la idea de volverme a casar cruzó por mi mente. Los primeros años había estado muy ocupada recuperándome y organizando el trabajo. Un par de años después de quedar viuda, unos amigos me invitaron a visitarlos y a conocer a un joven que ellos creían sería «justo para mí». Era un excelente cristiano y sería un «príncipe» como compañero, pero enseguida me di cuenta que aún no estaba lista emocionalmente para casarme; Jerry aún formaba parte de mí.

A medida que pasaba el tiempo, se me acercaron varios hombres; yo estaba sorprendida e impactada de diferentes formas. Uno de ellos estaba en sus sesentas. Otro era un buen hombre pero divorciado, y yo conocía y me agradaba su ex esposa. En Durango algunos se presentaron cantándome serenatas o regalándome flores. Una tarde, llegando de una de mis recorridas por los pueblos, me encontré con un enorme arreglo floral. La muchacha que cuidaba mis hijos me dijo que «el señor Fulano las había mandado». En otra ocasión, en medio de la noche, todos habíamos sido despertados por los sonidos preparatorios de los músicos que afinaban sus guitarras y violines. Era una gran banda de mariachis que estaba delante de la puerta de mi casa, listos para cantarme una serenata. Los había traído el mismo hombre que había enviado las flores. Durante una hora cantaron canciones de amores contrariado, de amores increíbles, etc. Nunca abrí la puerta ni di a entender que las había escuchado, y

125

mucho menos que había disfrutado con la música. ¡Solo trataba de imaginar lo que pensarían los vecinos!

No quiero dar a entender que los hombres hacían fila en la puerta de mi casa, suplicando mi cariño. Estas cosas sucedieron en un período de más de tres años, y con espacios entre ellas. Pero había comenzado a orar al respecto. Y también los niños.

Fue al cumplirse el tercer aniversario de la muerte de Jerry cuando ya me sentía en condiciones de pensar seriamente en volver a casarme. ¡El pequeño Jerry me dijo que estaba orando para que el Señor le mandara un papá! Algunas semanas después le pregunté si todavía estaba orando por eso y me dijo:

—No; ya oré por eso, y Dios sabe que necesito un papá.

El trabajo aumentaba, los niños crecían; tanto ellos como el trabajo estaban alcanzando dimensiones que yo sola ya no podía manejar más. David y Rena se iban a la escuela de idiomas y yo me quedaría sola por primera vez desde la muerte de Jerry. Me sugirieron que me fuese un tiempo a los Estados Unidos; tal vez ahí pudiera encontrar alguien compatible. Pero tampoco me sentía bien con esa idea; el trabajo tenía que ser atendido. Por lo tanto, seguí orando y trabajando en las misiones. Si bien continué presentándole a Dios esta necesidad, con frecuencia les decía a mis amigos que no había un caso tan sin esperanza como el mío. Tenía veintiocho años y tres hijos pequeños. Debía ocuparme del trabajo en México y el recuerdo de Jerry rondaba cualquier decisión que pudiese tomar. Con toda seguridad, este era un caso para el Señor, porque en lo humano no tenía esperanza. ¡Pero Dios me envió el mejor soltero del oeste del Misisipí a la puerta de mi casa!

Durante cuatro meses oré sin parar por toda la situación. Sentía que no podía seguir de la manera en que estaba. Una noche, estando de rodillas al lado de mi cama, clamándole al Señor al respecto, sentí con seguridad en mi espíritu que él me tenía el compañero para mí. ¡Por supuesto, quise saber ahí mismo a quién Dios tenía en mente! Comencé a enumerar en mi mente aquellos que habían aparecido. «¿Será Jim? No, no es Jim.» «¿Es Bob? No, no es él.» «¿Tal vez Kenneth? No.»

Después de mencionar algunos otros nombres, la respuesta seguía siendo «No». Finalmente, le pregunté frustrada:

—Bueno; si no es ninguno de ellos, entonces, ¿quién es?

Y me vino la respuesta: «Es Frank Warren.»

Estaba tan sorprendida que me erguí y me reí. ¡Ni siquiera conocía a Frank Warren!

—Bueno —pensé—; si esto es de Dios, sucederá. Si no lo es, no me voy a preocupar.

En junio de ese año, mi hermano Buddy vino a hacernos una corta visita, recién salido de Shreveport en Luisiana. Lo fui a buscar a la terminal de ómnibus e íbamos de camino al servicio vespertino. Buddy me preguntó de repente:

—¿Conoces a Frank Warren?

—No —le contesté—, pero por lo que he oído debe ser una persona excelente.

No le mencioné nada de lo sucedido cuando estaba orando algunas semanas atrás. Asintiendo con la cabeza, Buddy me dijo:

—Creo que está interesado en ti.

Frank no tenía ni idea de haber dicho o hecho algo que le hiciera pensar a Buddy que tenía interés en mí. No nos conocíamos; todo lo que sabía eran rumores. Creía que yo tenía cinco hijos, y cuando escuchó hablar de mí pensó qué clase de mujer extraña sería yo, que trataba de criar sola cinco hijos en México.

—Bueno —siguió diciendo Buddy—; va a venir a México con un grupo de gente de Shreveport el mes que viene, y algunos de ellos quieren seguir viaje a Durango para visitar la obra acá. Me pidieron que hiciera los arreglos necesarios para que pudieran participar en algunas reuniones.

Se hicieron los arreglos para que el pastor Keeling y Frank Warren viniesen a Durango a ministrar a algunos de los pastores, y que predicasen en la misión de la ciudad de Durango. En pocas semanas estarían en mi casa, y ministrando en las iglesias. ¡Ya ve! ¡Dios me lo mandó a la puerta de mi casa!

******

Frank cuenta su historia

«'Frustrado'; esa sería la mejor palabra para describir mi situación. Había sentido el llamado de Dios durante doce años. Durante nueve de ellos había estado haciendo viajes en mis vacaciones de verano a México, con un grupo misionero. Al volver de esos viajes comenzaba mi frustración. El llamado a la obra misionera estaba sobre mí, pero Dios no me daba

ninguna dirección. Después de mucha oración y clamor, los cielos seguían cerrados, año tras año. Eso era parte de mi frustración.

Después de convertirme, a los 22 años, decidí que la elección de mi esposa sería una cuestión espiritual. Sabía que mi futuro ministerio sería afectado por esa decisión. Estaba determinado a que fuese Dios quien tuviera la última palabra en cuanto a con quién me casaría. Fue fácil al principio, pero cuando Dios me seguía diciendo «no, no, no» se convirtió en otra de las frustraciones en mi vida. Estaba frustrado por el llamado de Dios y frustrado por estar soltero, aunque tenía más de 30 años de edad.

En junio de 1967 Dios hizo algo maravilloso. Debido a la frustración que sentía cada año al regresar de México, sin una indicación específica de Dios para ir al campo misionero, ese año decidí ir a visitar a mi tío Ernesto, en Carolina del Norte, en vez de ir a México. Dios tenía otros planes. A medida que se acercaba el momento del próximo viaje que se haría a México, me llamó mi amigo, que estaba organizándolo, y antes de que pudiera darme cuenta, ¡estaba en camino a México otra vez!

Nuestro destino era Torreón. Con parte del grupo iríamos a Durango por tres días para visitar a una señora llamada Nola Witt. Nola era viuda y, por lo que había oído, tenía cinco hijos. Después me enteré que eran tres. Yo pensé: "¿qué clase de criatura será?"

Después de cierta confusión acerca de quiénes serían los que irían a Durango, me encontré en el grupo junto con Buddy Holder, su hermano, llamando a la puerta de Nola, en Durango. Pasamos tres días allí, donde asumí un rol secundario. Nola pasó más tiempo con el pastor Keeling, quien le recordaba a su papá.

En esos tres días, algo se liberó en mi interior. Me enamoré de esa hermosa criatura y de sus tres hijos. Yo me había criado en un hogar lleno de mujeres, y la idea de vivir con varones era muy atractiva, así como la de tener a Nola por esposa.

No fue un romance turbulento sino uno planeado, deliberado, guiado por el Espíritu Santo y ejecutado a extrema velocidad. Al regresar a Shreveport, en Luisiana, y darme cuenta *que el sentimiento era auténtico, le envié a Nola una carta. Antes que la carta llegase a Durango, sentí un fuerte impulso de llamarla por teléfono. Lo que sentía en mi espíritu era: «¡La encontraste! ¡Muévete!» Por lo tanto, llamé a Durango y la emoción que percibí del otro lado de la línea me dio gran aliento y alegría.*

En aquellos días pasé mucho tiempo escuchando una grabación musical de Nola y soñando despierto. Una de mis canciones preferidas de esa grabación era: Le pido al Señor que me consuele, *deseando ser parte de la respuesta a esa oración. Todavía no sé por qué la compañía donde trabajaba no me despidió. Cometí muchos errores en mi trabajo, debido a que viajaba mentalmente a Durango en medio del día.*

Mis hermanas, emocionadas ante la posibilidad de que su hermano soltero (¡de 35 años!) se casara, ayudaron en la operación. Una de ellas, que conocía a Nola de la escuela bíblica, le ofreció alojarla en casa los días que iba a pasar en Georgia, cuando visitara a sus padres. Mi madre era la única que tenía reservas. Por detrás mío, les decía a mis hermanas: «Desde que Frank volvió de México, todo lo que oigo es "Nola de aquí" y "Nola de allá"». Después de conocer a Nola y sus tres hijos, cedió, y al final, si no me hubiese casado con Nola, pienso que ella y Papá me hubiesen echado de casa.

El 12 de julio de 1967, tres semanas después de haberla conocido, fui a buscar a Nola y a sus hijos a la estación de tren y los llevé a casa de mi hermana. Después de cenar y acostar a los muchachitos, Nola y yo tuvimos nuestro primer rato juntos; exceptuando los quince minutos que tuvimos en México, cuando me acompañó a la estación de servicio a ponerle gasolina al auto. Doce años antes, había tomado la decisión de que la próxima mujer que besara sería la mujer con quien me casaría. Después de doce largos años, finalmente, di el beso. Después Nola me dijo que no había tenido ninguna duda de que no había besado a nadie en doce años, pero que estaba mejorando.

A la mañana siguiente fui a recoger a Nola y a los niños para ir a almorzar con unos amigos. Esa misma mañana, a las 5:00, me había despertado con la urgencia de hacerle una proposición matrimonial. Cuando los fui a buscar, me aparte con Nola y le hice mi breve proposición.

—No me tienes que contestar ahora, pero quiero que sepas que te amo y que me quiero casar contigo.

No me contestó, pero yo me sentía bien con todo.

En camino a casa de mis amigos, Jerry (de 7 años) se acercó al asiento delantero y me preguntó:

—Frank, ¿vas a ir a Durango para ser nuestro papá?

—Jerry..., ¿qué dijiste? —¡quería que lo repitiera!

Volvió a hacer la pregunta, y le dije que me parecía una buena idea. Estaba muy contento de habérselo pedido a Nola. Y estaba recibiendo estímulo por todas partes.

Una semana después me encontraba en Marietta, Georgia, con un juego de anillos (sortijas de compromiso matrimonial). Llegué el sábado a la noche, y luego de visitar a Nola, fui a casa de su hermana y su cuñado a pasar la noche. Todo lo que escuché aquella noche fue ¡qué grande había sido Jerry, el marido de Nola! Me contaron que le gustaba cazar y me mostraron una de sus armas. Me dijeron lo grande que era, especialmente sus manos. Era evidente el gran amor que sentían por él, y, tal vez sin darse cuenta, me estaban diciendo que yo nunca podría ocupar su lugar.

Al día siguiente, mi futura suegra fue mucho más directa. Cuando le mencioné que quería su aprobación para casarme con Nola, estallando en lágrimas dijo:

—¡No crea que va a ocupar el lugar de Jerry...!

Más tarde me di cuenta que la profunda lealtad que mi suegra tenía hacia Jerry también la tuvo conmigo. Pero, aquella mañana en Marietta, no había nada que me moviese de la determinación que había tomado de casarme con Nola. Después de todo, yo quería casarme con Nola y ayudarla a criar a sus hijos. Dios estaba haciendo algo grandioso. Yo estaba ocupando mi lugar en el futuro de esta familia y de la obra en México.

Nola no me había dado el «sí», pero tampoco había dicho que no. Ella seguía diciendo que no conocía la respuesta. Mi contestación fue: «No me importa; igual quiero casarme contigo». Ella tenía razón, y yo tenía razón. Después descubrí que ella esperó para darme la respuesta porque quería ver la reacción de su familia; luego vimos que su familia lo aceptaba.

Nos comprometimos el 21 de julio, al mes de habernos conocido. Esa noche la convencí para que me diese la fecha de la boda. Ella puso el 21 de octubre.

Todo en el tiempo de Dios

El 21 de octubre de 1967, se cerró en mi vida el libro de soltero, y junto con eso todas las frustraciones y esperas por la respuesta al llamado de Dios en mi vida. Dios hizo algo maravilloso ese 21 de octubre. Y ha continuado haciéndolo.»

Es curioso que de la primera persona de la cual oí el nombre de Frank Warren fuera de Jerry. Al poco tiempo de habernos casado y cuando Jerry todavía estaba en la escuela bíblica, la hermana menor de Frank, Bárbara, compartía la misma clase. Un día Jerry estaba hablando de ella mientras almorzábamos, y comentó que su hermano Frank la iba a venir a buscar para llevarla a Shreveport ese fin de semana. Después de eso, cada tanto, escuchaba su nombre, pero nunca lo había visto. En una ocasión en que visité el IBC, ya viuda, lo vi abriéndole la puerta a una amiga mía con quien estaba saliendo. Había algo «misterioso» acerca de Frank. Buen mozo, cristiano firme, hombre responsable que trataba a todo el mundo con cortesía; nadie se explicaba por qué no se había casado. Con 35 años ni siquiera tenía novia. Era un «misterio».

Estaba ansiosa sabiendo que Frank estaría en el grupo que nos visitaría. ¡Era muy buen mozo! Medía un metro ochenta, tenía ojos verde grisáceo, pelo castaño y un perfecto perfil griego. Además, levantaba pesas y podía hacer más de setenta flexiones seguidas, sin parar. (¡Es cierto! Lo vi con mis propios ojos). Era muy musculoso.

Desde el principio, Frank me acompañaba. Se sentaba a mi lado para comer, me llevaba cuando teníamos que ir juntos a algún sitio, y cuando uno de los dos entraba a la habitación donde se encontraba el otro, nuestras miradas se encontraban y nos comunicábamos. Todos en el grupo estaban muy excitados. Muchos conocían a Frank desde hacía años y les parecía increíble que se mostrara interesado en alguien del sexo opuesto. Un día en que estaba en el cuarto de mis hijos, escuché a Frank y al pastor Keeling conversando en la sala. Emocionada por los acontecimientos y deseando que esto fuera «de verdad», le pedí al Señor que, si esto era realmente de Él, hiciera que todo se desarrollara suavemente. Ya no estaba en edad ni en situación de vivir un noviazgo emocionalmente agotador. La última noche en México, Frank me pidió que lo acompañase a la estación de gasolina a cargar combustible, preparándose para el viaje del día siguiente.

No sabía exactamente qué esperar, pero sentía que había algo en el ambiente, así que lo acompañé. Frank es el más caballero de todos los hombres con los cuales salí. A pesar de que su rostro resplandecía aquella noche cada vez que me miraba —¡y él mío resplandecía en respuesta!— él seguía pidiéndome permiso para escribirme cuando llegara a Luisiana.

A decir verdad, me encontraba un poco desalentada. Pensé que tal vez sus amigos tuvieran razón cuando decían que, aun cuando decidiera cortejarme, le llevaría un buen tiempo mover las cosas. Tenía fama de ser demasiado cauteloso. Pero no fue así. Cuando se fue de México, todo el mundo sabía que algo pasaba, y su rostro resplandecía como un arbolito de Navidad cada vez que me veía.

A los pocos días de haberse ido, recibí lindas cartas y largas llamadas telefónicas. Cuando nos visitó en Durango le di una foto mía con mis tres hijos. Un domingo por la tarde me llamó por teléfono, diciendo que había estado analizando la foto y pensó que debía estar loco al pensar que habría cabida para él en esa foto. Pero le aseguré inmediatamente que todos creíamos que sí calzaba perfectamente.

¡Estaba emocionada! ¡Y feliz! ¡E impresionada! Me asombraba ver que algo que había pedido en oración tan fervientemente durante tanto tiempo, de pronto pudiese suceder. Frank era muy buen mozo, muy solicitado, muy codiciado por las solteras de la iglesia. Tenía la edad apropiada, la disposición correcta y, además de todo, amaba México y a mis tres hijos. Frank me contó que después de aquel domingo, cuando regresó a Shreveport, estaba recostado en la alfombra de su dormitorio pensando en mí, cuando sintió un fuerte impulso de llamarme a Durango. Hizo el llamado y, cuando colgó, escuchó una vocecita interior que le decía: «¡Es esta! ¡Deja de arrastrar los pies y muévete!» ¡Y nunca dejó de hacerlo! Llamadas telefónicas, cartas, flores, fotos. Comenzó a cortejarme a larga distancia durante unas semanas. Aunque daba la impresión que Dios se había tomado su tiempo para contestar nuestras oraciones, cuando comenzó a actuar todo se movía a una velocidad vertiginosa. En menos de un mes de habernos conocido, Frank me propuso matrimonio y a los tres meses nos casamos. Todo eso provenía de un hombre al cual se lo consideraba un «solterón confirmado», que ya no tenía intenciones de casarse. Frank siempre afirmó que, habiendo orado por tanto tiempo para casarse, cuando la respuesta finalmente llegó ya no había motivo para seguir perdiendo tiempo.

Uno de mis recuerdos más vívidos de la primer visita de Frank a Durango fue una tarde cuando estaba sentado en la sala de mi casa. Mi hijo Felipe, en ese entonces con tres años y medio, se dirigió a Frank de manera poco común. Frank estaba sentado en el sillón y el niño vino corriendo, atravesando la sala con los brazos extendidos. Se le subió encima y lo abrazó. Frank también lo abrazó; fue una expresión de amor mutuo. ¡Frank dice que amó a mis hijos antes que a mí!

Esa era otra frustración en la vida de Frank. Nunca había amado. Ya estaba por convencerse que el amor era algo que sólo le sucedía a los demás. Había pensado en buscarse alguna buena muchacha cristiana y olvidarse de «estar enamorado». También había pensado que la única manera de introducirse en el campo misionero era consiguiendo un trabajo en alguna compañía petrolera o algo similar (es contador) e irse a Sudamérica. Tal vez, de esa manera, se pusiera en contacto con la obra misionera. Pero fue entonces que hizo el viaje a Durango.

Antes de decirle a Frank que me casaría con él, viajé a Shreveport con mis hijos para conocer a su familia. Manejé de Durango a San Antonio. Pasamos la noche en el IBC, donde el pastor David Coote era el presidente. Daba la impresión que todo el mundo allí estaba enterado «del asunto» entre Frank y yo. Debido a que el presidente Coote siempre había mantenido una amistad especial tanto con Frank como conmigo, vino a visitarme al departamento en el cual me alojaba para hablarme de Frank. Él lo conocía desde hacía mucho más tiempo que sus amigos en Shreveport.

—Mira; Frank no tiene el mismo tipo de personalidad que Jerry —me dijo—. Jerry tenía una personalidad efervescente y extrovertida, siendo el tipo de persona que siempre está en busca de una nueva aventura. Tendrás que tomar eso en cuenta antes de involucrarte con Frank. No es justo que esperes que sea otro Jerry.

—Presidente Coote, creo que he tenido suficientes aventuras para el resto de mi vida. No necesito más. Necesito alguien estable, de quien pueda depender y que ame a Dios y a mis hijos. Creo que Frank es ese hombre.

Tomamos el tren de San Antonio a Shreveport, llegando a la

noche. Frank ya había decidido que quería casarse conmigo, y esa misma noche, después de irnos a buscar a la estación, nos llevó a casa de su hermana donde nos hospedaríamos. Antes de irse, Frank me preguntó si me podía dar un beso de buenas noches. ¡Yo estaba asombradísima! Nunca nadie me había pedido permiso para darme un beso. Tenía miedo que, si le decía que sí, él pudiera pensar que yo me estaba adelantando; pero si decía que no, le estaba mintiendo. Pensé que la mentira sería peor, por lo que le dije que sí. Yo no lo sabía entonces, pero Frank había hecho un pacto consigo mismo hacía doce años atrás, de que no besaría a ninguna mujer hasta que encontrara a la que sería su esposa. Posteriormente le dije que después de haberme besado aquella noche, le creí que no había besado a nadie en doce años. Ese beso pasó a la historia como el más pobre. Pero las cosas mejoraron rápidamente.

Después de aquel beso histórico, Frank volvió a casa de su hermana a la mañana siguiente para llevarnos a casa de unos amigos a almorzar. Yo tenía el pelo hecho un desastre y estaba tratando de arreglármelo cuando Frank entró y me dijo que tenía que decirme algo. Nervioso y casi temblando, me dijo:

—Quiero que sepas que te amo y que me quiero casar contigo.

Ahora estaba seguro que sí existía algo que se llamaba «enamorarse». Y las cosas comenzaron a suceder aceleradamente. Yendo de camino a casa de los amigos, Jerry le puso a Frank los brazos al cuello y le preguntó: «Frank, ¿vienes a México para ser nuestro papá?»

Frank quedó tan pasmado con esa pregunta que se la hizo repetir varias veces.

Yo todavía no le había dicho a Frank que me casaría con él, y no porque tuviera alguna duda; sabía que me casaría con él, pero antes de hacerlo oficial quería hablar con Mamá y Papá.

Nos fuimos de Shreveport para Georgia, donde vivía casi toda mi familia. Antes de despedirnos, Frank me dio un hermoso ramo hecho con florecillas rosadas en miniatura. ¡Hermosísimo! Estaba tan contenta que le di un beso delante de su cuñado. Mi familia había oído hablar de Frank por mi hermano Buddy, y esperaban novedades a nuestra llegada. Fue una gran alegría para mis padres que a los veintiocho años quisiera hablar con ellos antes de comprometerme formalmente.

Frank vino a Marietta a los pocos días, para estar presente en una gran celebración que había en al iglesia. Esa tarde, mientras todos estábamos comiendo, Frank me volvió a pedir que me casara con él. Esta vez le di una respuesta definitiva. «¡Sí!» Aquella noche, mientras cenábamos pizza, Frank sacó un pequeño calendario de su billetera, lo colocó delante mío, y me dijo:

—Escoge una fecha.

Yo pensaba al año siguiente, para tener tiempo para conocernos. Pero Frank no. Me dijo que había esperado bastante. Fijamos la fecha a los tres meses.

Esa visita a Georgia y su visita a mi familia pudiera haber frenado a Frank en su camino. Mi familia amaba a Jerry profundamente, y aunque no se oponían a que me volviera a casar, querían que Frank entendiera que Jerry había sido algo especial, y que nadie tomaría jamás su lugar. Se quedó con mi hermana y su marido, y todo el tiempo mi cuñado le habló de Jerry: del tamaño de sus manos, de cuánto le gustaba cazar, de las cosas que habían pasado en su última visita. Esa misma hermana, parada el domingo a la noche en la escalinata de la iglesia, le había dicho a Frank:

—¡O eres el mejor hombre del mundo, o el más loco!

Se estaba refiriendo a su deseo de casarse conmigo y criar a mis tres hijos. Esa misma tarde, después de haberle dicho a Frank que sí me casaría con él, fue a ver a Mamá.

—Señora Holder, creo que usted sabe que Nola y yo estamos pensando casarnos, pero queremos su bendición.

Mi madre empezó a llorar, y dijo:

—Está bien, ¡pero no crea que va a ocupar el lugar de Jerry!

Yo estaba absolutamente asombrada al escucharla decir eso. No obstante, las lealtades de Mamá eran muy firmes, y el que Frank le hubiese pedido su bendición la conmovió tanto que desde ese momento fue un gran amigo para ella. Ahora esa lealtad es para Frank.

Los niños estaban en el período escolar, y las clases de la escuela bíblica ya habían comenzado, por lo que decidimos hacer la boda en Durango. Debido a que el compromiso se había formalizado en julio y la boda no sería hasta octubre, decidimos que viajaría a Durango para hacer los planes para la boda. Bárbara, la hermana de Frank, decidió venir conmigo. En tres semanas yo volvería a Shreveport para una «despedida de solteros» que nos harían; mientras, Bárbara vendría conmigo y volveríamos juntas.

Salimos de Durango para volver a Shreveport a la tarde, en el ómnibus que iba a Laredo, Texas. La mitad del viaje fue normal. A mitad de camino, en la zona de Saltillo y Monterrey, nos agarró el huracán Beúla. Ese huracán pasó a ser uno de los más famosos en la historia, y la gente sigue recordando cómo arrasó el área de Saltillo y Monterrey, proveniente del Golfo de México.

Al llegar a Saltillo el autobús se detuvo. Todas las carreteras estaban cerradas debido a las inundaciones y deslizamientos de tierra. Nosotras sabíamos que Frank nos iría a buscar a San Antonio, pero no teníamos forma de avisarle que estábamos varadas en Saltillo, por lo que empezamos a buscar desesperadamente la forma de salir de allí. No había vuelos comerciales y los autobuses no andaban, entonces intentamos hacerlo por tren. Llovía a mares, las calles estaban inundadas y teníamos que ir hasta la estación de trenes para ver si podíamos viajar. Estaba oscuro, hacía frío y nos encontrábamos empapadas por la lluvia. Nos habíamos metido en el agua hasta las rodillas buscando un taxi que nos llevara a la estación.

En la terminal ferroviaria nos dijeron que sí, que algunos trenes todavía salían, pero no el que iba a Monterrey. Decidimos tomar uno que se dirigía al norte, alejándose del área del huracán, y que Frank nos recogiese allí en vez de hacerlo en San Antonio. Le pudimos avisar a Frank y nos fue a buscar a Eagle Pass, Texas, donde se suponía que llegaríamos con el tren.

Ahora bien, los viajes en tren en México —aun en las mejores circunstancias— no son los más placenteros. Especialmente en los comunes como el que habíamos tomado, que se detenía en todas las estaciones. Se suponía que tardaría unas nueve horas para hacer el viaje desde Saltillo a Eagle Pass. ¡Pero lo hizo en diecinueve! Y, aunque finalmente se alejó de al zona del huracán, el primer tramo del viaje lo hicimos bajo su influencia.

No habíamos recorrido ni media hora cuando se detuvo. Esperamos sentadas cuatro horas hasta que volvió a arrancar. Eso sucedió varias veces durante el curso del día. Bárbara y yo estábamos sentadas en el último vagón y vimos venir a dos conductores corriendo por el vagón hacia la pequeña plataforma que estaba al final (no había vagón de cola). Le preguntamos qué pasaba, y uno de ellos nos dijo que cuando el tren estaba pasando por un puente, este había comenzado a derrumbarse y que cuando estaba pasando el último vagón, cedió totalmente y se destruyó. La razón por la cual el tren se detenía a cada rato era porque se había desmoronado un dique en las inmediaciones y las vías estaban inundadas. Dijo que esperarían un poco y que luego continuarían.

En el tren no había más comida que papas fritas y Coca Cola. Se suponía que entraríamos en cierta ciudad a tiempo para comer algo, pero cuando llegamos era tan tarde que estaba todo cerrado. Cuando salimos de Durango, ni se nos ocurrió llevarnos un abrigo; después de todo, el sol estaba espléndido allí. Durante todo el viaje temblábamos de frío. Sacamos ropa de las valijas para abrigarnos y hasta rompí una revista *Time* que llevaba conmigo y me cubrí con ella, tratando de calentarme un poco. Pero el tren estaba frío y húmedo; algunas ventanas estaban rotas y la lluvia era tan fuerte que se filtraba por las rendijas y aberturas, mojando todo el interior. Durante un tramo me dormí con la cabeza apoyada en una ventana y al despertarme estaba completamente mojada.

El conductor nos seguía diciendo: «Un poquito más; un poquito más». Pero cuando ya habían pasado quince o dieciséis horas, ya estábamos exhaustas. No habíamos comido nada, no había agua ni baños. Finalmente, casi a una hora de Eagle Pass, Bárbara perdió la compostura. Durante las tres semanas en Durango y a pesar de ese terrible viaje, Bárbara había estado de buen ánimo. Ahora, llorando, exclamó:

—¡Jamás vamos a llegar! ¡Y aunque lleguemos, Frank no nos va a estar esperando...!

—Vamos, Bárbara. ¡Venías bien...! Esto es una pequeña prueba para tu fe.

—¡Ninguna prueba de fe! —exclamó—. ¡Este es el juicio de mi vida!

Sus palabras nos hicieron reír y pudimos afrontar la última hora de ese viaje en medio del Beúla. Frank nos estaba esperando ansioso. Cuando lo vimos, sentimos como si hubiésemos llegado a buen puerto, después de una larga y terrible pesadilla. ¡No creo haber tenido jamás en mi vida una mejor bienvenida que aquella al ver su sonrisa y sus brazos abiertos! Había ido con un amigo suyo de San Antonio para mostrarle el camino hacia ese pueblito, así que al regreso pudimos sentarnos juntos atrás, mientras el amigo conducía de regreso. Estaba contenta de poder pasarle la responsabilidad del viaje a otra persona. Apoyé la cabeza en Frank y me quedé dormida el resto del viaje.

¿Recuerda la recepción y despedida de solteros que teníamos programada en Shreveport? ¡Casi no llegamos! Fue un gran éxito.

Cuando Frank llegó a Durango unos días antes de la boda, teníamos visitas en todas partes. Como todas las visitas eran de los Estados Unidos y no hablaban español, no podían ayudar mucho con los preparativos. Cuando fuimos a sacar la licencia matrimonial unos pocos días antes de la boda, nos enteramos que pedían una copia del certificado de defunción de Jerry para probar que yo era viuda. No tenía ni una simple copia de ese documento. Todas habían sido enviadas a las compañías de seguros y agencias gubernamentales. Dos días antes de la boda, Frank tuvo que hacer un viaje de 256 km. de ida y vuelta a Sombrerete, en Zacatecas, para obtener una copia del certificado. Como yo estaba dando clases en la escuela bíblica, no lo pude acompañar.

La mañana de la boda me encontraba en el prado de un campo, recogiendo flores para el arreglo; mi madre se encargaría de eso durante el día. Más tarde, Frank y yo, junto a seis testigos, fuimos al juzgado para la ceremonia civil. En México, como en muchos otros países latinos, la única forma de estar legalmente casado es haciéndolo primero ante un juez civil. Si la pareja quiere casarse por iglesia, está bien, pero la ceremonia legal tiene que efectuarse ante un juez civil, ya que el acto religioso en sí no tiene validez legal.

Aquella mañana, a pesar de tener una cita, el juez estaba muy atrasado. Esperamos tres horas en su oficina hasta que apareció. Esa demora nos descompaginó toda la agenda del día. Retrasó la boda en la iglesia. Llegué tarde a mi propia boda, pero sólo treinta minutos! La verdadera demora se produjo cuando llegué a la iglesia y me enteré que se había extraviado la música; nadie sabía donde estaba. Perdimos otra hora mientras esperábamos que un amigo fuera a casa a buscarla. ¡Y no la encontró! ¡A esta altura ya estaba histérica! Sara, la hermana de Frank, que estaba conduciendo la ceremonia, dijo muy firme:

—¡Prepárense! Esta boda comenzará ahora mismo, ¡con música o sin música!

Becky, mi hermanita, podía tocar de memoria la marcha nupcial, por lo que nuestra demorada ceremonia comenzó.

Predicaron tres ministros en dos idiomas. Mi papá me entregó.

Sara dijo que antes que la boda comenzara finalmente, cada uno de los 200 asistentes salió por lo menos dos veces mientras esperaban. ¡Pero ninguno se fue!

En algunos casos, cuando una persona se vuelve a casar no habla de su anterior matrimonio por temor a ofender a su actual cónyuge. Especialmente, en un caso como el mío, una situación como esa pudiera ser delicada. Me estaba casando con un hombre que llegaba para completar la tarea de mi primer marido. Además, había tres pequeñitos que se parecían demasiado a su papá, como para recordar los hechos. Pero ni Frank ni su familia demostraron jamás sentirse celosos por esa situación. Él nunca demostró el más mínimo sentimiento de resquemor por el recuerdo de Jerry. Es más, varios de los mejores amigos de Jerry ahora eran muy amigos de Frank, incluyendo a los mismos padres de Jerry.

Casi a los tres años de casados, nacieron nuestras mellizas en Durango. Frank repetía en los meses previos al nacimiento: «Dios da más abundantemente de lo que pedimos o esperamos». El médico sospechaba que podían ser mellizos, pero yo no lo podía creer. Después de todo, esas tendencias se heredan y, hasta donde yo supiera, no había ningún caso de gemelos en mis ancestros. Pero desde el momento en que se sospechó que pudieran ser mellizos, Frank se agarró a eso y comenzó a decir que «eran dos». Se acercaba a los niños cuando estaban jugando y les mostraba dos dedos, diciendo: «¡Dos!» Y los chicos aplaudían y se reían. Cuando fuimos a buscar los resultados de los estudios, los chicos se quedaron esperando afuera en el auto. Por supuesto, en las imágenes salían los dos bebés. Frank salió de la clínica, y sin decir ni una sola palabra, levantó dos dedos y los chicos se enloquecieron. Era tanta la alegría, los gritos y las risas que uno podía creer que habían ganado la Copa Mundial. Todos le habíamos pedido a Dios una nena, y Dios nos mandaba dos.

Frances Lorene (Lorena) y Nola Jeanne (Nolita) nacieron en una clínica de Durango, instalada arriba de la oficina postal. Había un ambiente muy tranquilo; tan tranquilo que Frank pudo ver parte de la operación asomándose por el vidrio de la puerta vaivén que daba al quirófano. Había un obstetra, una partera, un practicante, un anestesista, un pediatra y tres enfermeras. Las mellizas estaban pasadas de fecha y hubo que hacer cesárea. En ese momento me sentí bajo la total misericordia de Dios. Estaba completamente en sus manos. Todo salió bien. Entonces, al conocerse que la segunda también era una nena, estalló la alegría en aquella sala: «¡Dos mujercitas!» La llegada de Lorena y Nolita fue una bendición especial para nosotros, y nos unieron a los siete como nunca antes.

Esa fue la obra de nuestro omnipotente Dios. No me hubiese casado con un hombre ante el cual no pudiese mencionar el nombre de Jerry. La vida y el testimonio de él eran parte vital en mi propia vida espiritual. Jerry había ocupado un espacio en mi vida que jamás podría ser reemplazado. Él nos había traído a México y había comenzado la obra. Por el hecho que Dios lo hubiese llevado a su hogar, no significaba que lo tuviéramos que eliminar de nuestro vocabulario. Y no lo hicimos. Frank nunca trató de reemplazarlo. Él ocupó su propio espacio en nuestros corazones. Dios sabía que los niños y yo necesitábamos alguien que comprendiera nuestra necesidad de conservar el recuerdo de Jerry, y lo que había significado para todos nosotros. Dios sabía que debía ser alguien lo suficientemente grande para ser humilde. Y Dios elige muy bien.

Cuando Frank se estaba preparando para partir de Luisiana en su viaje definitivo a México, un pastor amigo suyo le dijo:

—¡Piénsalo! Te estás haciendo cargo de un matrimonio, de tres hijos y de un trabajo en el campo misionero a la vez. Eres el único hombre que conozco que puede asumir esa tarea.

Con los años, distintas personas me preguntaron qué clase de padre ha sido Frank para mis hijos. Les contesto contándoles las dos historias siguientes.

Mi hijo Jerry tenía cuatro años cuando Jerry padre murió. Él fue quien oró más intensamente para que el Señor le enviara un papá. Años después, siendo ya adulto y estando casado, él y su esposa volvieron a Durango de visita, después de haber estado en Estados Unidos unos cuantos meses. Vicky, mi nuera, me contó que a la mañana siguiente de haber llegado, escucharon a Frank hablando con alguien en la planta baja. Ella dice que Jerry la miró y le dijo: «¡Que lindo es despertarse y escuchar la voz de Papá!»

La otra historia ocurrió cuando todavía estaban todos con nosotros, en casa. La ciudad y el puerto de Mazatlán está a solo 300 km. de distancia de donde vivimos, y de tanto en tanto nos gustaba ir de vacaciones allá. Los muchachos eran fuertes y sabían nadar muy bien; junto con Frank disfrutaban haciendo surf en las aguas del Pacífico. Un año, Marcos se fue demasiado lejos y quedó atrapado en un remolino. Estaba tan cerca de la costa que nadie se dio cuenta que estaba luchando con las olas, hasta que a su hermano Jerry le llamó la atención y fue en su ayuda. Ambos quedaron atrapados en el remolino sin poder salir. Frank se dio cuenta y fue en su ayuda. Debido a los años pasados en la Marina de los Estados Unidos, Frank conocía el agua mejor que todos nosotros, y sabía que si podía mantener a los chicos en la superficie en vez de tratar de nadar, la misma ola los llevaría hasta la orilla. Después de mucho esfuerzo y de luchar con las aguas, logró llevarlos hasta la superficie y las olas los trajeron hasta la orilla.

Felipe, las mellizas y yo estábamos sentados en la playa, mirando todo lo que sucedía, sin saber lo que estaba pasando realmente, hasta que los tres salieron del agua y Marcos se desplomó en la arena delante de mí. Estaba temblando de arriba abajo. Tenía los labios azules y le castañeteaban los dientes. Recién entonces me enteré lo que había pasado por boca de Frank. Posteriormente, yendo de camino al restaurante para cenar, pasamos por el mismo lugar de la playa donde había ocurrido este incidente. Marcos todavía estaba sacudido por la experiencia, y al mirar el sitio por la ventanilla, dijo: «Pensar que en este momento yo podría estar muerto.» Ese episodio lo impresionó mucho. Tanto Jerry como Marcos saben que Frank les salvó la vida. Frank me confesó luego, en privado, que en un momento no estuvo seguro de poder sacarlos a los dos. Sabía que él podía salir del remolino, pero hubo un momento en el que dudó de poder sacar a los dos muchachos.

—Sin embargo, antes de dejarlos solos, hubiera muerto con ellos —me dijo.

Sí; Dios había elegido muy bien.

Epílogo

A los pocos meses de haber llegado a Durango, Jerry y yo recibimos una carta de un pastor amigo, donde decía: «Mantengan la cabeza erguida y sigan confiando en Dios, porque *en el camino de la fe se encontrarán con muchas sorpresas*».

¡Y cuántas sorpresas hubo! Algunas buenas y otras no tanto. Una de las sorpresas lindas fue la forma en que Dios completó la visión original de levantar iglesias y misiones en el área que circundaba nuestra localidad. A través de los años Dios fue levantando una por una las iglesias en los estados de Durango, Zacatecas, Coahuila, Sinaloa y en el Distrito Federal de México. Todas las iglesias cumplían con los tres «autos» de la obra misionera: autosostenimiento, autogobierno y autoreproducción. Cada misión nueva que se abría estaba bajo la cobertura de una «iglesia madre» en la zona. Así se abrieron alrededor de treinta y cinco iglesias.

Otro aspecto de la visión original era tener una escuela bíblica donde los pastores, maestros y líderes que esas iglesias necesitarían, aprendieran la Palabra de Dios y regresaran a sus respectivas iglesias siendo líderes en su propia área. También esta visión se cumplió. Cientos de personas se capacitaron en la escuela bíblica y ahora están en posiciones de liderazgo, tales como pastores, diáconos, líderes de adoración, maestros de escuela dominical, líderes de la juventud, líderes de mujeres en sus congregaciones locales.

LO INSENSATO DE DIOS

Una de las «sorpresas» con la que nos encontramos andando en el camino de la fe no fue muy agradable; esa fue la muerte de Jerry. Muchas personas comentaron la trágica pérdida de una vida tan joven. Y fue una tragedia. Algunos se cuestionaron la sabiduría de Dios concerniente a la necesidad de completar el plan de Dios en la vida de Jerry. Pero yo creo que Jerry completó el plan que Dios tenía para él. Era un soldado en una enorme guerra que se está librando alrededor nuestro todo el tiempo. Dio su vida en esta guerra, y a pesar de haber caído, Dios ya tenía a otros preparados para que tomaran su lugar. Mientras la guerra continúa, algunos de esos soldados están en la batalla como resultado de la vida y del testimonio de Jerry, y continúan peleando.

¿Recuerdan a Trini, la pequeña que recogió los evangelios de Juan que caían del avión azul y blanco? ¿Se acuerdan de su tía, que los escondió de la vista de las autoridades religiosas de su pueblecito? Actualmente, ese pueblo cuenta con menos de 1.000 habitantes. Está ubicado en la alta planicie de Zacatecas, donde llueve muy poco. Allí los vientos soplan constantemente; si alguien trata de ir de una casa a otra en un día ventoso, la tierra con arena se arremolina de tal manera que golpea en la cara e impide ver por dónde se camina. En un día como ese, la persona debe cubrirse el rostro con un pañuelo para llegar a su destino. Cuando finalmente llega, se encuentra con un entusiasta grupo de creyentes, cantando alabanzas al Dios Todopoderoso. Sus caras están tan llenas de tierra como la del visitante. El pelo lleno de tierra, la ropa llena de tierra; en realidad, la tierra y el viento afectan todas sus vida en aquel pueblecito. Tienen los pies calzados con un «aparato» llamado *huarache*, lo que no es otra cosa que una especie de sandalia hecha con tiras de cuero, las cuales cruzan el pie y se atan a la altura del tobillo. Esta gente tiene los pies resecos y cuarteados por los años de caminar al sol en esos caminos polvorientos. Pero sus caras quemadas por el sol resplandecen por la presencia de Dios.

Este pueblecito recibió el mensaje de salvación aquella mañana de abril de 1964, cuando Jerry sobrevoló la zona y les arrojó varias copias del Evangelio de Juan. No todos lo recibieron de corazón, pero Tía Tila sí. Había estado enferma por mucho tiempo. Cuando recibió la palabra de Dios reclamó para sí la sanidad al mismo tiempo que aceptaba a Jesús como su Salvador. Tía Tila llegó a ser el motor movilizador del evangelio en aquel pequeño pueblo. Golpeaba a la puerta de sus amigos y vecinos, les testificaba a sus parientes. Mucha gente la rechazaba pero ella persistía diciéndoles lo que Dios había hecho con ella. El tío de Tila era un líder fuerte en la oposición religiosa y conducía olas de persecución contra estos «advenedizos» evangélicos que estaban tratando de cambiar su antigua religión. Había burlas y escarnio. A los creyentes los marginaban. Pero Tía Tila seguía hablando la verdad de la palabra de Dios. Su tío había ido tan lejos, que construyó un altar para uno de sus santos en la calle, frente a la casa de Tila y hacían fiestas con música, danza, mucha comida y, por supuesto, mucha cerveza. Allí se insultaba y ridiculizaba a los creyentes todo el tiempo. Se formaban turbas contra los cristianos y cuando salían de la iglesita donde se reunían les arrojaban piedras. Pero Tía Tila siguió hablando la verdad, hasta que, finalmente, llegó el día en que su tío creyó. Él mismo tiró abajo el altar y destruyó sus ídolos. Hoy en día, ese hombre es un cristiano fuerte y uno de los líderes en la pequeña congregación en ese pueblo. Aunque la congregación es chica, no le falta influencia. Todo el área circundante ha sido evangelizada desde el fatídico día de 1964, debido a que docenas de personas que llegaron a conocer a Jesús por esa pequeña «luz» que resplandeció, ahora se han mudado a otras zonas a causa de sus empleos, y ya no viven en ese pueblo.

Esa aldea era el hogar de Trini. Cuando tenía trece años llegó un misionero al pueblo invitando a todo el mundo a ver la película *Yo contemplé su gloria.* Ella ya había aceptado al Señor Jesús, pero esa película fue una confirmación en su espíritu. Inmediatamente después de verla, también ella se fue del pueblo a una ciudad para servir a Dios. Allí conoció a un misionero de Puerto Rico y hoy en día es la esposa del pastor de una floreciente iglesia en su ciudad. Un hombre cayó en combate, pero muchos otros se levantaron para ocupar su puesto.

Otra de las «sorpresas» con las cuales Dios nos bendijo es la forma en que un buen número de personas fue desafiada a dar su vida para la obra misionera, como resultado del testimonio de Jerry y de su muerte. Jerry y Sandy Owens eran una pareja de Bloomington, Illinois, que habían comenzado a asistir a una iglesia que Jerry había visitado, y donde había dado una conferencia misionera. Sintieron que debían asistir a la conferencia, escuchar las historias, ver fotos de gentes de diferentes países y hablar con los misioneros acerca de su trabajo. Jerry Witt desafió a su pastor y a la congregación para que realizara más conferencias de ese tipo. Pero al poco tiempo, Jerry Witt murió en México.

Se aproximaba la fecha de la segunda conferencia misionera y la historia que estaba impactando sus vidas era el relato de la muerte de Jerry. La canción que estaban cantando en ese momento era una que había significado tanto para Jerry y que se había cantado en su funeral: «las almas están clamando, los hombres están muriendo ... sal y gánalos». Jerry y Sandy podían ver esas almas muriendo y yéndose a la eternidad sin Cristo. Eso los entristecía; se les hacía un nudo en la garganta y los embargaba un fuerte deseo en su corazón por ayudar a que esa gente conociera a Jesús. Una y otra vez podían escuchar esas almas clamando y esas almas muriendo.

Jerry y Sandy sentían que ellos estaban haciendo «su parte» en el mundo misionero. Estaban colaborando financieramente y orando. Verdaderamente, dar para las misiones no les era muy difícil; después de todo, ¿qué más se podía esperar de una pareja joven que estaba viviendo de un sueldo? Pero cada noche, durante esta segunda conferencia misionera, cuando volvían del trabajo corrían a la iglesia y se sentaban expectantes para ir a esos lejanos países que les mostraban en las fotos, escuchando con oídos muy atentos las historias de los misioneros. Volvieron a escuchar la historia de cómo murió Jerry en las montañas de México y la necesidad que había de más misioneros. Escucharon hablar de ese joven que, con tres hijos pequeños, había pagado el último precio por llevar el mensaje del evangelio a aquella pobre gente que vivía en las montañas de México. Se llamaba Jerry Witt y daba la casualidad que Owens también se llamaba «Jerry». Jerry Owens parecía conocer a Jerry en su espíritu, a pesar de que ya se había ido con el Señor.

Antes de terminar la conferencia, Jerry y Sandy Owens tuvieron una larga charla. Tenían que responder a esa necesidad que se había presentado a través del testimonio de Jerry Witt. Fueron a estudiar a la escuela bíblica de San Antonio y allí conocieron a Nola, la viuda de Jerry. En varias ocasiones ella cantaba y daba la palabra en las reuniones de la capilla. Había algo que los atraía a los tres. Los Owens estaban conmovidos al verla criar sola a sus hijos y llevar a delante la obra misionera. Como estudiantes de un instituto bíblico, sintieron el desafío de orar por zonas específicas del mundo en sus reuniones de oración. Jerry se arrodillaba con el mapa delante, preguntándose dónde los mandaría el Señor. ¿Cómo sabrían adónde tendrían que ir? Un día en la capilla les habló un joven de Guatemala y Dios comenzó a hablarles a su corazón. No mucho después de aquello estaban hablando con Nola acerca de las misiones, y ella, inesperadamente, les dijo: «Cuando Jerry vivía, habíamos hablado de ir a Guatemala algún día y comenzar una obra allí. Tal vez sea ahí adonde deban ir». Jerry no creía que Dios lo «llamaría» de esa forma, por lo que siguió esperando. Una noche, estaba parado delante de la casilla rodante donde ellos vivían en el campo del IBC, conversando con el padre de Nola. ¡Y allí, bajo el azul y despejado cielo, volvió a suceder lo mismo!

-Tú y Sandy debieran ir a Guatemala como misioneros.

Jerry decidió que era hora de fijarse dónde estaba localizada esta «Guatemala». Tal vez, Dios estaba intentando decirles algo.

Una de las clases que Jerry y Sandy tomaron en el IBC fue un curso de evangelismo personal. Todos los alumnos de esa clase salieron de dos en dos, yendo puerta por puerta y testificando del Señor. Durante esa práctica, Sandy y su compañera llamaron «accidentalmente» a la puerta de misioneros que habían regresado de su misión. San Antonio es una ciudad de un millón de personas, y «daba la casualidad» que ellas justo llamaban a la puerta de misioneros que volvían de Guatemala. Sandy y Jerry se quedaron hablando hasta altas horas de la noche, hasta que finalmente llegaron a la conclusión de que Dios los estaba llamando a ir a Guatemala.

Esa decisión la tomaron hace veinticinco años atrás, y desde entonces, Sandy y Jerry están trabajando allá. Nunca dudaron que Dios los había llamado a la obra misionera en Guatemala. Estaban allá cuando el país fue azotado por el terremoto que mató más de 22.000 personas. Estaban en Guatemala cuando explotaron las bombas terroristas que sacudieron los vidrios de su casa. Estaban en Guatemala cuando la guerrilla disparó en su barrio. Sus dos hijas crecieron en Guatemala; la menor nació allá. Durante estos veinticinco años no dudaron ni por un instante que Dios los había llamado a Guatemala. Dios les ha permitió abrir tres centros evangélicos en ese país, y usan literatura cristiana, Biblias, música, películas y un programa radial para la evangelización. Su promedio pasando películas es de tres por día, los 365 días del año. Las películas evangelísticas han sido vistas en todos los rincones del país y han llegado hasta el sur de México, entrando a Honduras y el Salvador.

En 1986 Jerry Owens sintió que Dios los estaba llevando a mirar más allá de Centroamérica: a Sudamérica, y entonces hizo un viaje a Ecuador. Un día, sentado en un banco en una plaza de la ciudad de Quito, con el sol poniéndose sobre las colinas nevadas, Jerry sintió la presencia del Señor recordándole las miles de personas que pasaban a su lado, y de las cuales sólo 2 de cada 100 eran creyentes en el Señor. No tuvo que orar mucho para ver que Dios le había hablado a su corazón para que fuese a Ecuador. Jerry Owens comenzó una obra de extensión en Ecuador, como la que ya existía en América Central.

Parecía que las cosas estaban completándose. Karen, la hija de Jerry y Sandy, y su marido, están viviendo y trabajando ahora en Guatemala, supervisando la obra empezada por sus padres hace veinticinco años atrás. Jerry Owens escribió recientemente el siguiente tributo a Jerry Witt:

> *«Jerry murió a edad temprana. Lo importante no es cuántos años uno viva sino cuántas vidas uno toca mientras vive. Jerry tocó las vidas de muchas personas y dejó su huella en la arena del tiempo. La huella de su mano no estará estampada en el cemento de la calle principal de Hollywood, pero sí la encontrará en el alma de los hombres.*
>
> *»Él tocó mi vida para dejar todo por Cristo y seguirlo hasta el final. Él continúa tocando mi vida cuando su hijo Marcos y su equipo vienen a ministrar al Ecuador. Sí; las almas están clamando y los hombres están muriendo.*
>
> *»Hay otras naciones que conquistar para Cristo. Miles se han salvado porque respondimos al llamado, pero todavía hay millones que no lo han hecho. Estamos convencidos que debemos "ganarlos para el Señor a cualquier precio". Espero que nuestros ojos estén siempre llenos de lágrimas y que siempre sintamos compasión en nuestro corazón hasta que el mundo entero sea evangelizado.»*

Sí; cayó un soldado en el campo de batalla, pero se levantaron muchos más para tomar su lugar.

Otra persona que fue desafiada por la muerte de Jerry fue su propio cuñado Buddy Holder. Buddy estudiaba en el IBC de San Antonio, Texas, cuando Jerry murió. Una mañana, después de haber brindado yo una meditación en la capilla, Buddy se me acercó con lágrimas en los ojos y me dijo que quería contarme un sueño que había tenido unas noches atrás:

—...era como si Jerry se me estuviera acercando y estaba hablándome de la enorme necesidad que había de gente que fuera a llevar el evangelio a quienes nunca lo habían oído.

Con la voz quebrada por la emoción, siguió contándome:

—...mientras estábamos allí parados hablando, Jerry me extendió la mano y me dijo: "Buddy, ¿irás?"

Buddy estaba emocionado, pero tomó control de sus lágrimas y levantó la cabeza mirándome. Yo también lo miré y le pregunté:

-Buddy, ¿irás?

Mirándome fijamente a los ojos, me contestó muy tranquilo:

-Sí; iré.

Y así fue. Buddy dedicó ocho años al trabajo misionero en la zona de Torreón. Hay dos iglesias fuertes en el área como resultado de la decisión de Buddy de «Sí; iré».

Nuevamente, un soldado cayó pero muchos otros se levantaron para tomar su lugar. Otra de las grandes sorpresas de todo nuestro andar por el camino de la fe, ha sido la manera en que Dios trabajó con nuestros hijos. ¿Recuerdan a esos pequeñitos; Jerry, de 4; Marcos, de 2 y Felipe, de 7 meses? Ya son hombres que tienen sus propias familias y todos sirven al Señor.

Felipe, el bebé de 7 meses, está casado con una hermosa muchacha de Canadá. Vivieron varios años en San Antonio, donde tenían su propio negocio de marmolería y baldosas. Hace poco se mudaron a Atlanta, Georgia, donde Felipe es el asistente del pastor de una iglesia hispana. Los dos están involucrados en el ministerio de esa congregación.

Jerry es piloto y dirige una organización que él fundó, llamada Halusa (acróstico de «hasta lo último de la sierra») y se puede decir con toda seguridad que a consecuencia de su trabajo, miles de indígenas de las montañas mexicanas están recibiendo ayuda y siendo ministrados de una manera como nunca soñaron. Jerry trabaja y ministra a numerosos grupos étnicos de México. Esa es la «gente olvidada», indígenas que todavía viven en oscuridad espiritual y ataduras en las inaccesibles montañas de México.

Una de estas tribus, los indígenas tepehuanes, viven en las montañas del estado de Durango. Hace siglos que viven ahí, en completa oscuridad espiritual. Pero lo atípico de este grupo en particular es que en todos estos siglos de historia jamás se haya escrito una sola canción en su idioma. No hay nada de su historia o de sus leyendas. Ni siquiera una canción de cuna que las madres les canten a sus hijos para dormir. ¡Nada! No existe música de la tribu ni en el idioma de los tepehuanes. Esto parece ser algo único y particular de esta tribu.

Originalmente, el evangelio les llegó por una traducción hecha por los traductores bíblicos Wycliffe, y aunque algunos pocos aceptaron a Jesús, no fue la respuesta deseada. Jerry comenzó a ministrarles, trabajando con los indígenas en base a esa traducción. Hace unos cinco años, uno de ellos que estaba cumpliendo una condena por robo de ganado, recibió una porción del evangelio, de manos de un misionero que le testificó en la prisión. Este hombre se convirtió y volvió a las montañas con el mensaje de la salvación provisto por la sangre de Jesucristo. Poco a poco, a medida que iban escuchando, comenzaban a responder al ministerio de su hermano, así como a los demás, como nuestro hijo Jerry, y las cosas comenzaron a cambiar en la tribu de los tepehuanes. ¡Empezaron a cantar en su propio idioma!

Primero, eran los mismos hermanos indígenas, quienes conocían ambos idiomas, los que traducían del español y aprendían a cantar en sus congregaciones. Luego, los más dotados empezaron a tocar guitarra y escribir sus propias canciones en su propia lengua. Ahora hay música, y sólo música cristiana, la cual se escribe y se canta en las montañas donde viven los tepehuanes.

Cerca de veinte personas de la congregación de Durango acompañaron a Jerry últimamente en una de las «brigadas» a los tepehuanes. Les llevó unas catorce horas llegar a destino y, aunque lo hicieron en el mes de mayo, cuando llegaron a la cima de la Sierra Madre (más de 3000 m sobre el nivel del mar) ¡hacía frío! Había escarcha a la mañana, por lo que dormían con jeans, camisetas, suéteres y abrigos puestos, dentro de sus abrigadas bolsas de dormir, y aun así tenían frío. En esta brigada en particular había cuatro grupos diferentes de trabajo en distintas áreas del ministerio. Estaba el grupo lingüista, ¡que les enseñaba a por primera vez en su historia la Palabra de Dios en su propia lengua! Estaban quienes trabajaban con los niños todo el día; hacían teatro con marionetas, juegos y les contaban historias acerca del amor de Jesús. Los niños nunca habían visto globos, y estaban fascinados. Se podían pasar horas jugando con un globo inflado. Como no estaban acostumbrados a las marionetas, a veces se asustaban y tenían que tranquilizarlos y explicarles lo que era eso. Estaba el grupo de evangelismo que empleaban películas, dramas y predicaban para enseñarles a los adultos la Palabra de Dios durante tres o cuatro encuentros por día. Docenas de personas aceptaban a Jesús por primer vez en su vida, mientras que otros recibían oración y ministración por problemas personales.

También había un grupo médico para las necesidades de salud. Todo el día, los médicos y ayudantes revisaban a la gente y les enseñaban a hervir el agua para evitar la disentería, una enfermedad que acaba con las vidas de muchos niños en las montañas. Los piojos eran una plaga y tenían que raparle la cabeza a los niños para acabar con las liendres; pero estas eran tan grandes que, a veces, a pesar de estar rapados, igual permanecían en el cuero cabelludo.

Había mucha sarna también. Una pequeñina de dos años tenía el cuerpo cubierto de sarna. ¡Hasta los párpados se le habían infectado! Las mujeres que habían ido en la brigada dormían en un ático que se había hecho en la parte superior del edificio de la iglesia, mientras que los hombres lo hacían en los vehículos. No había facilidades sanitarias; solamente árboles y montañas. Algunos hombres habían armado con mantas un receptáculo sobre una piedra grande, y todo el que quería darse una ducha se paraba sobre la piedra y, detrás de la cortina se echaba encima un poco de agua fría. La mayoría de los nativos que venían en busca de ayuda caminaban horas y horas para llegar hasta el lugar donde estaba la brigada.

Los nativos se quedaron los diez días en que el grupo estuvo en la montaña, durmiendo a la intemperie al lado de las fogatas. De noche, se podían ver docenas de pequeñas fogatas en los bosques y las montañas. Durante el día había quienes venían de otras villas en camiones para recibir la ayuda del grupo. Uno de los jóvenes cristianos tepehuanes se llamaba Modesto. Estaba interesado en colaborar con la brigada de cualquier manera posible, pero al enterarse del grupo de lingüística, por primera vez en su vida aprendió a leer y escribir en su propio idioma. Se pasó todo el tiempo con ese grupo; al tercer día dominaba la mecánica del idioma ¡y estaba escribiendo las historias bíblicas en tepehuán! Ahora es pastor de una congregación tepehuana.

Esto es una idea de las actividades que realiza Halusa en México. El grupo ha crecido e incluye dentistas, médicos y hasta cirujanos en la brigada médica. Siguen haciendo trabajo de alfabetización, enseñan las Escrituras a la gente en su propio idioma y el énfasis mayor sigue estando en la evangelización. Durante 1995 Halusa organizó y administró por lo menos unas ocho brigadas de dos a seis días cada una. Ministraron a las necesidades de los purepecha, amuzgo, tarahumara y guarijio, huicholes, cora y, por supuesto, a los tepehuanes. Solamente entre los purepecha y amuzgo alcanzaron entre tres y cuatro mil nativos, de los cuales dos mil se convirtieron al Señor Jesús.

Todo esto es el resultado de un niñito de cuatro años, quien se preocupaba por sus hermanitos menores, y que le pidió a Dios que les mandara un papá. Sí; Jerry cayó en combate, pero uno de los que se levantó para ocupar su lugar es su propio hijo.

Otra gran «sorpresa» es la forma en que Dios usa a nuestro Marcos. Marcos es el hijo del medio, el que tenía dos años. Todos nuestros hijos estudiaron música y llegaron a ser buenos músicos, pero Marcos se dedicó a la composición, arreglo, producción y distribución de música cristiana para la iglesia mexicana. Comenzó haciéndolo para la iglesia nacional, pero en los últimos años se desarrolló como ministerio para todos los países de habla hispana en el mundo entero. Desde España a Sudamérica, pasando por Centroamérica hasta llegar a México y la población hispana de los Estados Unidos, no es exagerado decir que Marcos es el músico y ministro de adoración más conocido en las iglesias hispanas, más allá de las barreras denominacionales. Sus temas han superado los cientos de miles de ventas, y su libro *Adoremos* fue, en su clase, el libro cristiano en español más vendido de 1994, siendo elegido como «El libro del año». Recientemente estuvimos en la ciudad de México asistiendo a una de las conferencias de Marcos. Si bien se me había dicho la cantidad aproximada de gente que se esperaba, no me imaginaba lo impactante de ver 15.000 personas en un mismo lugar. Aun antes de nuestro arribo al auditorio, pudimos escuchar el gran rumor de voces, todas cantando y alabando al Señor Jesucristo. A nuestro guía le tomó tiempo conducirnos por los diferentes túneles, pasadizos, habitaciones, etc., pero, finalmente, llegamos al sitio reservado para nosotros, justo frente al estrado. La plataforma se había armado muy alto, para que todo el público pudiese ver lo que pasaba. Nosotros estábamos ubicados en un punto estratégico, desde donde podíamos ver de muy cerca a los músicos y ministros, y podíamos apreciar la cantidad de gente que se había dado cita en el auditorio. Era un gran mar de rostros que comenzaba desde abajo y se extendía subiendo seis o más niveles, hasta llegar al techo del lugar. Estaban con los brazos y los rostros hacia el cielo, adorando al Dios Todopoderoso. Era algo sobrecogedor. Y allí, parado en la plataforma, el organizador y conductor de ese gigantesco evento, nuestro hijo Marcos Witt.

En algunos lugares de Sudamérica se congregan más de 50.000 personas en estas conferencias. ¡Quién se hubiese imaginado que ese sería el plan de Dios para ese niñito de dos años que solía llorar cuando veía a alguien llorar, porque pensaba que su papá también se había ido a vivir «a la casa de Jesús».

Un soldado cayó, pero muchos otros se levantaron para tomar su lugar. ¿Y que podríamos decir de la «sorpresa» que nos dieron las mellizas, Nolita y Lorena, con su femineidad, sus sonrisas y sus buenos modales? Son mujeres casadas que trabajan en el ministerio en Latinoamérica. Ambas han hecho el coro de fondo en todas las grabaciones de alabanza y adoración de Marcos. El marido de Lorena, Coalo Zamorano, es quien dirige la producción en México y América Latina. Nolita y su esposo Anthony Theo están a cargo de la dirección de la escuela bíblica en Durango. Estos son algunos más de los que se levantaron para ocupar el puesto del soldado caído.

Varios años después de la muerte de Jerry, Frank, Dub Williams y yo viajábamos por la carretera que iba a Sombrerete, donde los cuerpos de Jerry y Nicolás habían sido expuestos aquella terrible tarde de abril de 1964. Dub había sido uno de los hombres que viajó a Sombrerete para recoger los cuerpos, y, aunque no hablaba mucho español en aquel entonces como para darse cuenta cabal de lo que sucedía, no se necesitaba saber mucho el idioma para comprender la animosidad y la hostilidad demostrada. La carretera por la que íbamos pasaba frente al cementerio de la ciudad, donde habían estado los cuerpos. Nunca había sabido cuál era el sitio preciso donde habían sido expuestos, por lo que le pedimos a Dub que nos mostrase el lugar exacto. Al comenzar a contestar las preguntas que Frank le hacía de lo ocurrido, me emocioné, y por unos pocos minutos volví a sentir el terrible dolor de la pérdida. Podía sentir el sufrimiento apoderándose nuevamente de mí al recordar todo lo sucedido en aquella época. Sentí nuevamente el peso del dolor. Fue un instante, casi como si Dios me recordase cuán lejos me había llevado desde aquella noche devastadora en que me dieron la noticia en la puerta de casa.

Hebreos 12 menciona la «nube de testigos» que nos rodea. Me gusta pensar que Jerry forma parte de esa «nube de testigos», y que cuando mira hacia abajo desde los cielos para ver qué ha pasado en esta parte del mundo que él tanto amaba, y lo que ha pasado en mi vida al haberme casado con Frank y tenido las mellizas, y al ver lo que está pasando en las vidas de sus hijos, sonríe y está feliz con lo que ve.

Jerry fue un soldado caído en combate. Pero Dios ha usado ese incidente para levantar a otros para que ocupasen su lugar. La batalla continúa y la iglesia sigue hacia adelante.

Jerry Witt, cerca del 1958; un joven cuya pasión principal era servir a Dios.

Jerry Witt delante del avión en el que tuvo el accidente. Los dos niños son hijos de uno de los pastores mexicanos con los que Jerry colaboraba.

El día de la boda de Jerry y Nola el 1o de julio de 1959.
De izquierda a derecha: Lottie Holder, abuela de Nola;
Eugene Holder, papá de Nola; Loren Holder, mamá de
Nola; Nola; Jerry; W. L. Cole; abuelo de Nola; Nola M.
Cole; abuela de Nola.

Nola y Jerry can-
tando juntos unas
dos semanas antes
del accidente.

Nola y Jerry en una foto de familia tomada en diciembre de 1963. Los niños de izquierda a derecha son: Felipe, Marcos y Jerry Jr. Esta sería la última foto de familia.

En el otoño de 1966 los niños posan para la cámara. De izquierda a derecha: Jerry Jr., Felipe, y Marcos.

Los niños disfrutan durante un día en un parque de recreo en Guadalajara, México. De izquierda a derecha: Felipe, Marcos y Jerry Jr. Hoy día, tanto Jerry Jr. como Marcos son pilotos.

La llegada de Frank Warren trajo mucha estabilidad a las vidas de Nola y los niños. Aquí posan para una foto de familia. De izquierda a derecha: Marcos, Nola, Felipe, Frank y Jerry Jr.

Al tiempo llegó otro regalo de Dios: las mellizas. Aquí vemos a Nolita (al fondo) y Lorena (al frente) en el piano; tanto ellas como sus hermanos aprendieron música en este piano. Su maestra fue Nola.

En 1978 "el trio Witt" muestra sus instrumentos favoritos. De izquierda a derecha: Jerry Jr., Felipe y Marcos.

Hoy día Frank y Nola Warren pueden comprobar la fidelidad y el amor de Dios para con ellos y su familia.

Jerry Jr. y Vicky Witt junto a sus dos hijos: Michelle y Jerry Witt, III. Jerry es piloto y director del ministerio HALUSA (acróstico de "Hasta lo último de la sierra").

Marcos y Miriam Witt junto a sus cuatro hijos. De izquierda a derecha: Kristofer, Carlitos (en brazos de Miriam), Elena y Jonathan. Marcos es reconocido internacionalmente como uno de los ministros más relevantes de nuestra época.

Nolita (Warren) y Antonio Theo. Los dos estan a cargo de la dirección de la escuela bíblica en Durango. Tanto Nolita como Lorena han hecho coros de fondo en todas las grabaciones de alabanza y adoración de Marcos.

Lorena (Warren) y Coalo Zamorano. Coalo es el director de producción de CanZión Producciones (el ministerio de Marcos), y Lorena es directora general en el Centro de Capacitaciones y Dinámicas Musicales, la universidad cristiana de música fundada por Marcos.

Felipe y Angela Witt con sus dos hijos: Drew y Charity. Ellos viven en Atlanta, Georgia, EE.UU, donde Felipe es pastor de jóvenes en una iglesia.